JN163015

ブラック・フラッグス

イスラム国台頭の軌跡

BLACK FLAGS

The Rise of ISIS

ジョビー・ウォリック

伊藤真訳

白水社

1989年、ムジャヒディーンたちの戦いに参加しようと、ヨルダンを離れてアフガニスタンへ向かったころのザルカウィの姿。(Hashemite Kingdom of Jordan)

母親とポーズをとる若きアフマド・ファディル・アル＝ハライレー――のちにザルカウィと名乗ることになる。撮影日不明の家族写真より。
(Hashemite Kingdom of Jordan)

テロ攻撃に失敗したザルカウィは1994年、ヨルダンの刑務所に収監されたが、1999年に大赦で釈放された。この写真はそのころのもの。
(Hashemite Kingdom of Jordan)

軍服を着たヨルダンの若きアブドゥッラー王子が、父親であるフセイン国王に儀礼用の短剣の贈り物を手渡している。(Royal Hashemite Court)

2010年、公式写真のためにポーズをとるヨルダンのアブドゥッラー二世国王とラーニア王妃。(Royal Hashemite Court)

2001年9月11日の米国同時多発テロ事件の1カ月後、ホワイトハウスでジョージ・W・ブッシュ大統領と会談するアブドゥッラー二世国王。2人の関係は友好的だったものの、来るべき米国によるイラク侵攻は中東地域のパンドラの箱を開けることになると、アブドゥッラー二世国王は忠告した。(White House photo; Courtesy of George W. Bush Presidential Library)

すさまじい自爆攻撃で瓦礫と化した国連イラク現地本部。国連代表を含む23人が死亡した。2003年8月のこの事件は、ザルカウィが関与したとされるテロ攻撃の最初のものの一つ。(Defense Department photo)

床に座らされたアメリカ人の人質ニック・バーグの後ろに、覆面をしたザルカウィが立っている。バーグは2004年にイラクで拉致されたペンシルヴェニア州出身のビジネスマン。ザルカウィはバーグの斬首を撮影して映像を公開したが、これはその後に続発した同様の事件の最初の一件であり、斬首ビデオの公開はザルカウィの名刺代わりのやり口となる。(SITE Intelligence Group)

2006年、宣伝ビデオの撮影で軽機関銃を抱えるザルカウィ。ザルカウィの残忍な戦術を嫌悪する人びとも多かったが、一方では恐れを知らない勇敢な男との評判は、何千人ものイスラーム主義の志願兵らをイラクへ惹きつけた。
(SITE Intelligence Group)

アメリカの外交官ロバート・フォードは、ザルカウィからの脅迫に屈せずに国政選挙に立候補するよう、イラクのスンナ派の政治家たちの説得に尽力した。のちに駐シリア米国大使となり、シリアの反政府武装勢力の間でイスラーム主義者らが存在感を増しつつあると警鐘を鳴らした。(State Department photo)

ネイダ・バコス（2014年撮影）はイラク戦争の初期、ザルカウィの行方を追うＣＩＡの主任「ターゲッター」だった。(Courtesy of Nada Bakos)

2010年、閲兵式に臨むスタンリー・マクリスタル大将。イラクで米軍特殊部隊の司令官を勤めた。マクリスタルも協力して練り上げた戦略によって、米軍は2006年にザルカウィを殺害し、その後ザルカウィの組織に壊滅的な打撃を与えた。(Defense Department photo)

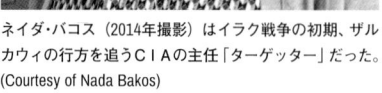

ブラック・フラッグス——「イスラム国」台頭の軌跡　上

BLACK FLAGS
by Joby Warrick

Copyright © 2015 by Joby Warrick

This translation is published by arrangement with
Doubleday, an imprint of The Knopf Doubleday Group,
a division of Penguin Random House, LLC
through The English Agency (Japan) Ltd.

マリアンに、　愛と感謝をこめて。

私は生に劣らず死を熱烈に求める男たちを連れてくるのだ。

——ハリド・イブン・アル＝ワリド（七世紀のイスラーム教徒の武人、ムハンマドの同志）

日本語版への序文

なぜ日本なのか?――二〇一五年初頭のあのぞっとするような数週間、この疑問が私を悩ませ続けていた。「イスラム国(ＩＳ)」はすでに捕虜の残忍な処刑で世界中に悪名を轟《とどろ》かせていたが、さらに二人の人質を殺害すると脅迫していた。二人とも一般人で、ほかの人たちと同様、「イスラム国」に拉致され、身代金を要求するビデオのためにカメラの前でポーズをとらされていた。だがこの二人は「イスラム国」のいつもの犠牲者たちとは大きな違いがあった。ほかの人たちに比べて、二人はまったく異なる世界の出身だった。ムスリムの人口も少なく、中東への植民地主義的な介入の歴史もなければ、中東の軍事作戦に武器や軍隊を提供した経験もない場所から来た――二人は日本人だった。

ジャーナリストの仲間たちと一緒に人質のビデオを見ながら、私たちはテロリストらの理屈を理解するのに苦しんでいた。私たちには疑問ばかりが浮かんだ――なぜ「イスラム国」はこんなことをして新たな敵を生み出そうとするのか? これまで、罪のない人びとを苦しみから救うために人道的支援の手を差し伸べてきたにすぎない遠方の国を、なぜ挑発しようとするのか? 責められるいわれのない国を相手に残虐な行為をすれば、表向き取り繕っている正義のふりさえ損なわれるというのに、なぜそんなことをするのだろうか？　だが今「イスラム国」はふたたび捕虜たちの顔を、今回は日本出身の男性二人を、さらしものにしていたのである——ジャーナリストの後藤健二《ごとうけんじ》と治安・警備コンサルタントの湯川遥菜《ゆかわはるな》である。

なぜ「イスラム国」はこんな振る舞いをしているのか？　私はこのテロリスト集団の考え方を解明する本の執筆のため、二年以上も調査に費やしていた。だがなお、私は今回の彼らの行動を理解するのに苦しんだ。それでも私にはいくつか思い当たることがあった。この組織は一〇年以上も前、ほとんど同じ罪を犯していた。当時は別の組織名を名乗り、リーダーも違った。そのリーダーの名はアブー・ムサブ・アッ＝ザルカウィ。テロリストの黒幕で、本書の主役である。二〇〇四年、ザルカウィは福岡から来たバックパッカーの青年、香田証生《こうだしょうせい》を拉致して処刑した。日本と世界中の人びとに衝撃を与え、震え上がらせた忌まわしい犯罪だった。当時、ザルカウィらの民兵組織が発表した声明文は、日本と欧米の同盟諸国は「ムジャヒディーンによる地獄」へ沈むだろう、と警告していた。

二〇〇四年の出来事をつぶさに見ていくと、残虐行為の背後にある理屈を探る手がかりが見えてくる。ザルカウィはその一年前にイラクで反乱を巻き起こしはじめたころ、強大な敵であるアメリカ相手に戦争を遂行するための単純かつ効果的な計画を思いついた。本書でも描かれるその核心的な考えは、同盟国同士の間に亀裂を入れることだった——イラクの復興に関与している各国それぞれに対して大々的な攻撃を仕掛け、その諸国の連合を引き裂こうというのだ。二〇〇三年八月、ザルカウィはバグダードの国連現地本部とアラブ諸国の大使館に自爆攻撃犯を仕向けて作戦を開始した。続いて、イラク国民の苦悩を解消することと、破壊されたインフラの再建などにもっぱら携わっていた支援組織その他のグループを標的にした。アメリカの著名なテロ対策専門家で元ＣＩＡ職員のブルース・リーデルによれば、そうした攻撃の背景には「見事な戦略」があったという――ザルカウィはイラクに混乱を引き起こすと同時に、アメリカのイラク占領軍の存在を正当化したり、イラクの暫定政府の強化などに役立ちそうな組織を、すべて追放することをねらったのである。実際、支援活動に従事するおおかたの国際組織の士気は急速に衰え、イラクを引き揚げにかかったわけで、ことはザルカウィの計画どおりに進んだと言える。「彼はわれわれアメリカを孤立化させたのです」とリーデルはザルカウィについて述べた。

ザルカウィが日本を標的にしたさらなる目的は、証拠が示唆する限り、海外派兵という日本としては戦後初の試みに対するものだった。当初から、浄水施設の設置や学校の補修のために六〇〇名の部隊をイラクへ派遣することに対して、独特な歴史的事情から日本国内では疑問の声があった――日本では何十年にもわたり、自衛以外の任務に部隊を動員することが憲法で禁止されてきたからだ。ここにザルカウィは日本社会をさらに二分させる潜在的可能性を見出し、熟達の精度でその好機につけ込んだ。まず、二〇〇三年も暮れというころに日本人外交官二名が暗殺された。ちょうど自衛隊のイラク復興支援群が編成されようとしていたときのことだった。続いて翌年の四月には、三人の日本人市民が誘拐された。そしてもっとも劇的だったのが香田証生の恐ろしい殺害で、その場面はビデオカメラで撮影され、十月に世界に向けて公開された。このときにはザルカウィの組織による警告の声明が付いていた――「未来に待ち受けるものを日本が避けたいのであれば、ただ部隊を撤兵させるだけでよいであろう。その部隊は十字軍と同盟関係にあるのだ」。日本では、イラク派兵の任務への根強い支持が崩れ始めた。小泉政権はこの後さらに一九カ月粘ったのちに、最後の部隊を二〇〇六年七月にイラクから引き揚げた。

二〇一五年の後藤健二と湯川遥菜両名の誘拐とその後の斬首は、右のような以前の出来事の残忍な繰り返しのように思えた。だが香田証生殺害からの一〇年の間に、テロリスト集団側にとっても、日本を含む文明世界の側にとっても、状況は変化していた。かつてのザルカウィの組織は今や「イスラム国」を名乗っていたし、領土を奪って維持することや、東アジアを含め、中東からはるかに遠い地域にまで自らの存在を誇示しようと、その野望をこれまでよりも鮮明にしつつあった。彼らの手段も以前に輪をかけて残虐になり、遠方の信奉者たちを過激化させ、煽り立てるために、ソーシャル・メディアを活用するなど、新たな能力を開発していた。そして後藤・湯川両名を拘束し――さらに彼らを身代金および捕虜交換を条件に釈放してやろうという身勝手な提案をすることで――「イスラム国」はイラク人の難民救済のための日本の財政支援を停止させることを含め、ふたたび日本に外交政策の変更を迫ることをめざしていた。だが日本も昔とは変わっていた。二人の処刑を受けて日本中が悲嘆に暮れたが、それはすぐに怒りと決意の表明へと変わっていった。安倍晋三首相は二人を殺害した者らに裁きを受けさせるために尽力する決意を公式に表明し、「テロリストたちを決して許しません」と明言した。日本の議会にとっては、両名の死は、現代日本が直面するもっとも根深い問題に対する新たな論争の始まりを意味していた。すなわち、国際的テロ組織の犠牲者たちを含め、攻撃を受けた同盟国を守るために日本は軍事力を使うべきかどうか、という問題である。

そうした問題に決断を下せるのは日本国民だけだが、二〇一五年の痛ましい出来事で論点が鮮明になった。これまでになく、世界が新たな形の脅威に直面していることは明らかで、それは文明国各国からなる共同体《コミュニティ》の決然たる一貫した対応を要するということである。ザルカウィとその常軌を逸した子孫である「イスラム国」は、現代史上で稀に見るタイプの敵対者だと言えよう――ほかのテロ組織と比べても、交渉や和解の余地をまったく示さない集団であり、合理的に振る舞おうともしない。まさに真の「死の狂信的組織《カルト》」であり、「イスラム国」は自らのために暴力を容認し、それはさらに潜在的な敵に衝撃を与え、おびえさせるためであり、そして自らのイデオロギーと終末論的ビジョンに対する狂信的な献身を見せつけるためである。「イスラム国」はまた、自らに跳ね返るはずの代償をも顧みず、あくまでもあらゆるところに敵をつくろうとする。だからこそ彼らのリーダーたちは、ジハーディストらに対する軍事行動の前例を持たない平和主義国家である日本に対し、その罪のない市民を拘束し、殺害することを躊躇しなかったのである。そしてまた、本書を私が書き上げて以来の年月にも、「イスラム国」は海外であまりにも多くの残虐なテロ行為を行なってきたのである。二〇一五年以来の彼らの海外における攻撃の標的には、幅広い国々が選ばれてきた。そこにはフランスのように、戦場で彼ら武装民兵団と積極的に戦っている国もあれば、主として人道支援や物資供給などの後方支援で貢献しているドイツやベルギーのような国々もある。さらにはトルコのように、当初は「イスラム国」から敵対的だと見られる恐れのある一切の行為を避けてきた国々もある。「イスラム国」はそのすべてに対して宣戦を布告してきた。そしてそのテロ活動は彼らが自認するカリフ制支配が敗北した後でさえも続くものと予想される。ただ幸いにも右の各国では、そして日本でも同じように、この残忍で無慈悲な敵を打倒せんとの決意は彼らのテロ攻撃によって深まるばかりである。

究極的な勝利を得るには決意だけでなく、理解も必要だ。本書を執筆した私の意図も、「イスラム国」を生んだ人物たちや状況に、そしてこのテロリスト集団の勢力および勢力範囲の拡張を許してしまった多くの過誤や失策に、読者がしっかりと向き合うための一助とすることにあった。この探求を通じて私は、後藤健二のように、自らの安全を賭してシリアにおける紛争の根源を探ろうとした勇敢なジャーナリストたちから多くの刺激と示唆をいただいた。彼のように私もまた、人目につかない、ときとして危険な場所での直接取材をベースにした。それは文明社会が「イスラム国」のような難敵を屈服させるためには、その複雑さを含めた全体を把握することが不可欠だと、私は確信しているからだ。野蛮な敵とそのようにいわば親しむことは、ときとしてつらいものだが、決定的に重要だ。後藤自身、なぜ取材のためにそんなに尋常でない、極端に危ういことまでするのかと問われて、こう答えている——「面と向かって話をしなければならないからです。そうする必要があると私は思っています」と。まさに、そのとおりである。

ワシントンDCにて

ジョビー・ウォリック

ブラック・フラッグス――「イスラム国」台頭の軌跡　上――目次

第2部

イラク

下巻 — 目次

凡例

・原著者による注は、本文中の該当箇所に（1）（2）と番号を振り、「原注」として巻末にまとめた。
・訳者による注は、本文中の〔　〕内に割注で記した。
・引用文および発言の中の補足は［　］で示した。

注記

本書の取材過程でインタビューしたヨルダンの情報機関の現役および元情報部員らの一部について、彼らに対する安全上の配慮から、双方合意のもとで氏名を伏せた。その場合、通常の姓名ではなく、アラブ社会特有の「クンヤ」というインフォーマルな尊称を使用した。

主要登場人物

▼ザルカウィと同世代の人物

アブー・ムハンマド・アル=マクディシ（本名 アアシム・ムハンマド・タヒル・アル=バルカウィ） ヨルダン=パレスチナ系の聖職者で著述家。かつて囚人としてザルカウィと同じ監房に収容され、ザルカウィに師と仰がれた。

アブー・ムサブ・アッ=ザルカウィ（本名 アフマド・ファディル・アル=ハライレー） ヨルダン人テロリストで「イラクのアル=カーイダ」の創設者。

アブー・アル=ガディヤ シリア人歯科医師で、ザルカウィよりも年長だが、ザルカウィの側近として物資供給を指揮した。

アイマン・アッ=ザワヒリ アル=カーイダの「中核《コア》」部門のリーダーで、ウサマ・ビン・ラディンの元補佐官。

ウサマ・ビン・ラディン アル=カーイダの創設者。

▼「イラクのイスラム国」とその後継組織の関係者

アブー・オマル・アル=バグダディ（本名 ハミド・ダウード・モハメド・ハリル・アッ=ザウィ） サダム・フセインのバアス党の元党員で、二〇〇六～一〇年まで「イラクのイスラム国」のリーダー。

アブー・アイユーブ・アル=マスリ（本名 アブー・ハムザ・アル=ムハジル） 爆発物が専門のエジプト人で、ザルカウィの側近。二〇〇六年、「イラクのイスラム国」のナンバーツーのリーダーとなる。二〇一〇年、空爆で殺害。

アブー・バクル・アル=バグダディ（本名 イブラヒム・アワド・アル=バドリ） イスラーム教の聖職者で、「イラクのイスラム国」の信仰面のアドバイザーだったが、二〇一〇年にトップに上り詰める。二〇一四年、自ら「イラクのイスラム国」の「カリフ」であると宣言した。

アブー・ワヒブ（本名 シャケル・ワヒブ・アッ=ドゥライミ） 残虐かつメディアに極度のこだわりを持つ「イラクとシリアのイスラム国」アンバール州司令官。シーア派のトラック運転手や一般市民を殺害したことで悪名高い。

ハジ・バクル（本名 サミル・アル=ハリファウィ） アブー・バクル・アル=バグダディの補佐官で、「イラクとシリアのイスラム国」の軍事委員会のリーダー。二〇一四年に殺害。

▼ヨルダンの関係者

アブドゥッラー二世国王 ヨルダン・ハシミテ王国の第四代君主。

アブー・ハイサム ヨルダンの情報機関、総合情報部《ムハーバラート》（GID）の反テロ部門幹部。

アブー・ムタズ GID工作員、のち部長。イスラーム主義過激派らを情報提供者へと「寝返り」させる名手。

アリ・ブルザク GID職員で、「赤い悪魔」の異名をとる伝説的な尋問官。

ローレンス・フォーリー ヨルダンの首都アンマンにあるアメリカ大使館の中堅職員。

サレム・ベン・スウェイド フォーリーの暗殺を企てたザルカウィの弟子。

アズミ・アル＝ジャヨウシ　パレスチナ系ヨルダン人で、アフガニスタンのヘラートにあったザルカウィの訓練施設で訓練を受けた。化学物質を使った「汚い爆弾《ダーティー・ボム》」をアンマンで爆発させる計画を練った。

サジダ・アッ＝リシャウィ　二〇〇五年、アンマンの複数のホテルに対するテロ攻撃で、自爆攻撃犯の一人になるはずだった。

▼イラクの関係者たち

サダム・フセイン　一九七九～二〇〇三年、イラク大統領。

チャールズ・「サム」・ファディス　二〇〇三年の米国などによるイラク侵攻までイラク国内で活動したCIA工作員。ザルカウィの訓練施設への先制攻撃を強く要請した。

ネイダ・バコス　CIA職員で、ザルカウィの居場所を突き止める役を担った「ターゲッター」の中心人物。

ザイダン・アル＝ジャビリ　イラクの都市ラマディ在住の、スンナ派の部族のリーダー。

スタンリー・マクリスタル大将　イラクでザルカウィの居場所を探り出したアメリカ統合特殊作戦軍の司令官。

ザイド・アル＝カルブーリー　「イラクのアル＝カーイダ」に雇われていたイラクの税関吏。

ヌーリ・アル＝マリキ　シーア派のイラク人。二〇〇六～一四年、イラクの首相。

▼シリアの関係者

バシャール・アル＝アサド　シリア大統領。

ロバート・フォード　二〇一〇～一四年、駐シリア米国大使。

ムアズ・ムスタファ　シリア緊急タスクフォース理事長。この非営利団体はシリアにおける情勢悪化をいち早く伝えた。

アブー・ムハンマド・アル＝ジャウラニ　ジャブハット・アン＝ヌスラ（ヌスラ戦線）のリーダー。二〇一一年後半、「イラクのイスラム国」によってシリア支部として組織された。

コフィ・アナン　一九九七～二〇〇六年、国連事務総長。シリアの和平交渉を仲介しようと試みた。

▼アメリカの関係者

ディック・チェイニー　二〇〇一～〇九年、ブッシュ政権の副大統領。イラクのサダム・フセイン政権とアル＝カーイダとの結びつきを証明するためにCIAの協力を求めた。

ヒラリー・クリントン　二〇〇九～一三年、オバマ政権の国務長官。

マイケル・V・ヘイデン　対ザルカウィ作戦を展開していた当時の国家安全保障局長官、国家情報副長官で、二〇〇六～〇九年にCIA長官。

フレデリック・C・ホフ　二〇〇九～一二年、国務省の中東・シリア問題特別顧問。

ジョン・マケイン　上院議員。二〇一五年から上院軍事委員長。

レオン・パネッタ　二〇〇九～一一年、CIA長官。二〇一一～一三年、オバマ政権の国防長官。

ロバート・リチャー　元CIA駐ヨルダン責任者。のちCIAの近東部長、作戦本部長。

ジョージ・テネット　一九九六～二〇〇四年、CIA長官。

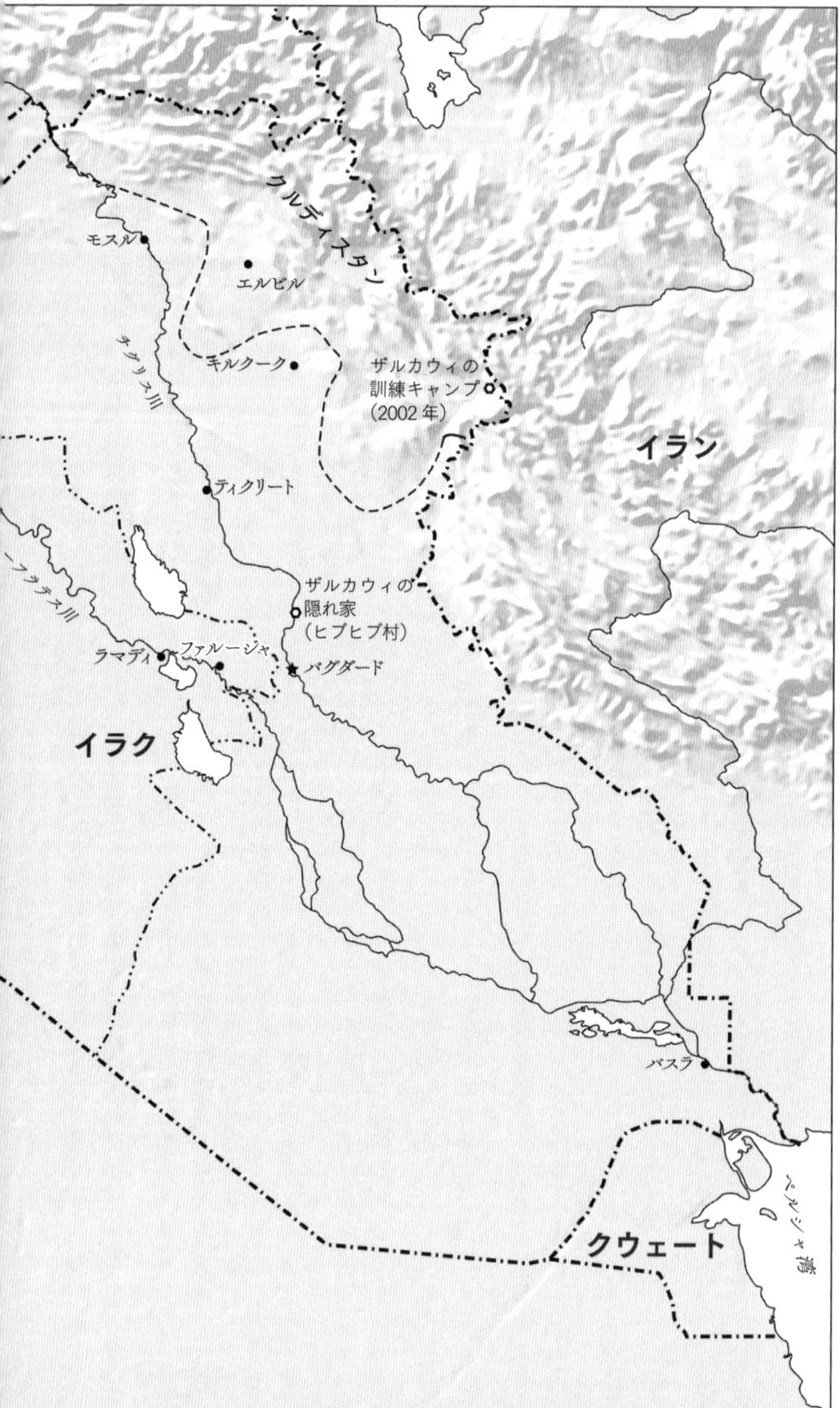
クルディスタン
モスル
エルビル
ティグリス川
キルクーク
ザルカウィの
訓練キャンプ
(2002年)
イラン
ティクリート
ユーフラテス川
ザルカウィの
隠れ家
(ヒブヒブ村)
ラマディ
ファルージャ
バグダード
イラク
バスラ
クウェート
ペルシャ湾

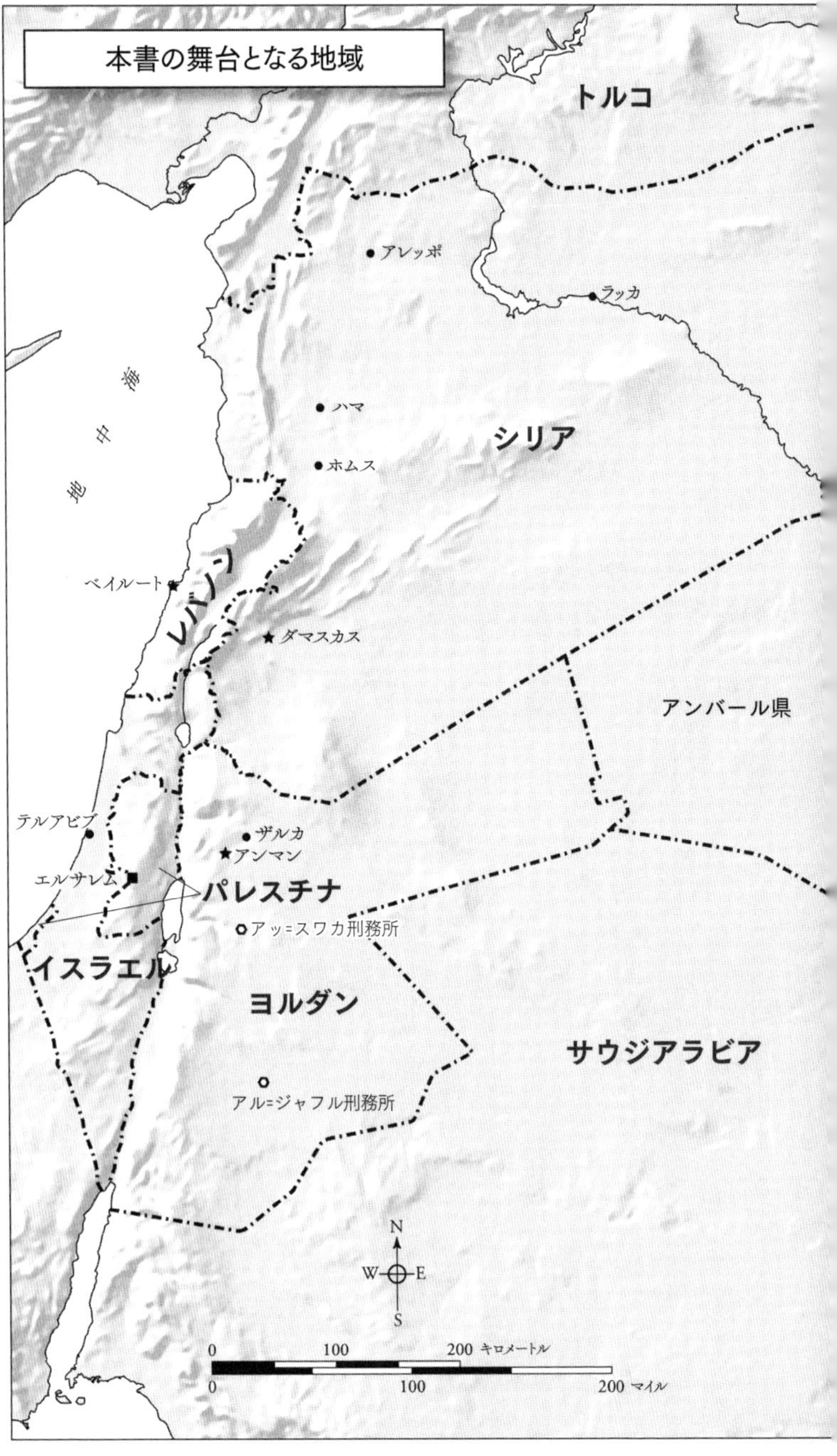
本書の舞台となる地域
トルコ
アレッポ
ラッカ
地中海
ハマ
シリア
ホムス
ベイルート
レバノン
ダマスカス
アンバール県
テルアビブ
ザルカ
アンマン
エルサレム
パレスチナ
アッ=スワカ刑務所
イスラエル
ヨルダン
サウジアラビア
アル=ジャフル刑務所
N
W
E
S
0
100
200 キロメートル
0
100
200 マイル

ブラック・フラッグス

――「イスラム国」台頭の軌跡

上

プロローグ――ヨルダンの首都アンマン　二〇一五年二月三日

日没後間もなく、ヨルダンの首都アンマン最大の女性専用刑務所にサジダ・アッ＝リシャウィの死刑執行命令書が届いた。アメリカのワシントンを公式訪問中のアブドゥッラー二世国王が自ら下した指令で、国王専用機の機内からヨルダンの王宮へと伝達されたものだった。命令書は王宮職員から内務省へ、さらに刑務所局へと送られたが、そこで職員たちのあいだに動揺が走った。国家による死刑執行というのは何段階もの手続きが必要な煩瑣な仕事である。それに比べて国王の要求は単刀直入――翌朝の日の出までにその女を死刑台へ送れ。

看守長は足早にリシャウィの独房へ向かった。一〇年近くものあいだ、孤独の内に閉じこもるかのようにして監禁生活を送ってきた場所だ。四十五歳となり、かつてのように細身ではない。来る日も来る日もほとんど変わらず、テレビを見るか、ペーパーバックのコーランを読んで過ごした。誰とも会おうとせず、どんな思いを抱いていたにせよ、それは常時かぶっている刑務所支給の薄汚れたヒジャブの下に隠されていた。決して暗愚な女ではなかったが、いつ見ても自分の置かれた状況をまったく理解していない様子だった。死刑判決が下ったのちも、稀に国選弁護士が接見すると、「いつ家に帰れるのかしら?」[1]と訊くのが常だった。やがて弁護士の訪問も途絶えてしまった。

そして今、看守長がリシャウィを前に座らせ、翌朝には死ぬことになると説明したときも、うなずくだけで、ひと言も発しようとはしなかった。その後、声を上げて泣いたのか、祈りを捧げたのか、あるいは呪詛の言葉を吐いたのか、刑務所の関係者らの耳に届くことはなかった。[2]

リシャウィに死刑判決が下ったとき、誰も驚きはしなかった。二〇〇六年、裁判長はヨルダン史上最悪のテロ攻撃の実行犯の一人として、リシャウィに絞首刑を言い渡した。同時刻に三カ所でホテルが爆破され、六〇人が犠牲となった。大半が結婚式の参列者たちだった。リシャウィは自爆攻撃の実行犯だったが、生き延びた。眉の濃い、どこか風変わりな女で、爆発し損なった自爆ベストを見せびらかすような格好で無様にもテレビカメラの前に立たされた。一時期はアンマンの誰もがリシャウィのこれまでの歩みを知っているほどだった。三十五歳で未婚だったこのイラク人の女が、夫と妻という役回りで自爆攻撃を実行するために見知らぬ男との結婚を受け入れたこと。最後の瞬間にパニックに陥り、逃げ出したこと。アンマン北部の郊外をタクシーでさまよい、方角もわからず、返り血を浴びた服と靴のままで通行人に道を尋ねて回ったことなど。

しかしそれからもう一〇年近く経っていた。現場となったホテルは再建され、名前も変わっていた。そしてリシャウィはヨルダンの入り組んだ刑法制度の迷宮の中へ姿を消していた。ジュワイダ女性刑務所内では、薄れゆくかつての悪名を身にまとったまま、もはや誰も目もくれなくなった博物館の秘宝のような存在となっていた。ヨルダンの情報機関の古株たちのなかには「ザルカウィの女」と呼ぶ者もいた。ホテルの自爆攻撃を命じた悪名高きヨルダン人テロリスト、アブー・ムサブ・アッ＝ザルカウィとのつながりを嘲《あざけ》った呼び名だ。だが若手の情報部員たちはリシャウィのことなどほとんど覚えていなかった。

それがわずか一カ月の間に事態は一変した。ザルカウィの部下たちがリシャウィを忘れてはいなかったことがはっきりしたのだ。あの事件以来、テロリストたちは組織名を改め、今やヨルダンではアラビア語の頭文字を取って「ダーイシュ」として知られていた——英語では「イラクとシリアのイスラム国」を意味するＩＳＩＳ《アイシス》。そのＩＳＩＳが二〇一五年一月、リシャウィを返せと要求してきたのだった。

リシャウィ釈放の要求が突きつけられたとき、ヨルダンは近年稀に見る政治的危機の渦中にあった。ヨルダン空軍機がシリア国内で墜落し、若きパイロットがＩＳＩＳの戦闘員らに拘束されていたのだ。にやけた顔つきの聖戦の戦士《ジハーディスト》らに囲まれて、おびえたまま、ほとんど裸に近い姿で引き回されるパイロットの写真をＩＳＩＳは公開した。戦闘員のなかには、アラーが空から降らせてくれたこの大いなる贈り物を抱き寄せようと腕を伸ばす者もいた。

ヨルダンでは王宮から治安機関に至るまで、国王とその側近たちはさらなる不愉快な知らせが届くことを覚悟していた。ＩＳＩＳが公の場でパイロットを惨殺するか、法外な金額の身代金を要求してくるか。

案の定、ＩＳＩＳは身の毛もよだつようなやり方でその決断を明らかにした。空軍機墜落から一週間と経たずして、パイロットの自宅の家族のもとに、パイロット本人の携帯電話から電話がかかってきた。[3] 受話器の向こうから、イラク訛りのアラビア語を話す正体不明の男がＩＳＩＳの奇怪な唯一の要求を告げた。

「われわれの妹、サジダを返せ」と、男は言った。

その後、いくつかの新たな条件を加えながら同じ要求が繰り返されたが、交渉はつかみどころがなく、ほぼ一方的なものだった。すべての要求はヨルダンの情報機関である総合情報部《ムハーバラート》の本部へと回送された。そしていずれの要求も、この機関のテロ対策部門を取り仕切るいかめしい四十七歳の准将のデスクの上に行き着いた。容赦のない厳しさで恐れられているこの組織のなかでも、アブー・ハイサム准将は別格だった。たくましいストリート・ファイターの体軀と、鉄床のような性格の持ち主だ。何度も姿かたちを変えてきたＩＳＩＳと長年にわたって戦い続け、尋問してはトップクラスの戦闘員たちの口も割らせてきたことで有名だった。ＩＳＩＳの前身組織の生みの親、かのザルカウィ自身もアブー・ハイサムによって何度か拘置所にぶちこまれていたし、今ＩＳＩＳが釈放をもくろむサジダ・リシャウィも同様だった。

ＩＳＩＳ側の要求は、ヨルダン国外ではほとんど意味がないものだった。リシャウィは戦闘員としても、リーダーとしても、それどころか何かの象徴としてでさえ、まったく利用価値がない人物だった。参加したのもわずか一件のテロ攻撃にすぎず、それもしくじっていた。「ザルカウィの女」などというものにはほど遠く、攻撃を命じたこの男とは面識すらなかった。ＩＳＩＳが彼女を名指ししなければ、死刑執行はこれといったきっかけもないままにいつまでも延期され、おそらく残りの人生を獄中で静かに送ったに違いない。

しかしアブー・ハイサムにはわかっていた。リシャウィの名をふたたび持ち出すことで、テロリストたちはその黎明期を思い起こさせようとしていたのだ——ＩＳＩＳという組織もまだなく、シリアの内戦も始まっておらず、この組織を台頭させたイラクの崩壊もなく、世界がザルカウィというテロリストの名前すら聞いたことがなかった時代のことを。ムハーバラートの工作員たちはこのテロリスト集団が足場を築くことを防ごうとしてきた。だが失敗していた——ときには自分たちの誤りによって、しかしむしろ多くの場合は、ほかの連中の判断ミスによって。ジハードを標榜したザルカウィの活動は今や独立国家を自称するまでになり、ヨルダンと国境を接するイラクとシリア両国の一部を領土だと主張していた。そしてリシャウィの一件は、ＩＳＩＳが今こそ清算しようともくろんでいる多くの禍根の一つなのだった。

忘却の彼方からこの亡霊を呼び覚ますことで、ＩＳＩＳはヨルダン史上もっともおぞましい襲撃事件の夜を思い起こさせようとしていた。それはアブー・ハイサムの世代の男たちの胸に——諜報部隊の隊長たち、捜査員たち、そして今やムハーバラートのリーダー格に育ったかつての補佐官らの記憶に——焼きつけられていた。かつて一度だけ、ザルカウィはヨルダンの心臓部を直撃することに成功したことがあった。そして今、ヨルダン空軍のパイロットを手中にして、ＩＳＩＳはふたたびそれを繰り返そうとしていた。

あの夜、アブー・ハイサムは現場に立っていた。リシャウィが有罪となり、絞首刑の判決を受けた犯罪の様子を、今も細部に至るまで覚えていた。(4) あの夜の感覚は忘れようがない——血と煙の臭い、そして泣き叫ぶ負傷者たち。

いちばん思い出すのは、あの二人の少女のことだ。

二人は九歳と十四歳のいとこ同士。名前も覚えている——リナとリハム。結婚式に参列していたアンマンの地元っ子だ。二人とも白い服を着て、顔つきはかわいらしく、色白で、澄みきっていた。「まるで天使だ」——そう感じたことを覚えている。

二人は両親が買ってくれたほとんどそっくりのレースのドレスをまだ身につけていて、ダンス用のおしゃれな靴も履いていた。ほとんど奇跡的に、二人とも首から上はかすり傷一つ負っていなかった。まだ混乱状態にあった病院で、二人並んで板の上に横たえられているのを目にしたとき、眠っているのではないかと思えたほどだ。おそらく負傷はしているが、麻酔を投与されて眠っているのだと。「お願いだ、この子たちは本当に眠っているのだと言ってくれ」と、アブー・ハイサムは祈った。

しかしそのとき、爆弾の破片が身体にあけた恐ろしい穴が目に入った。

少女たちは多くの参列者たちと同様、立っていたのだろう。アンマンのラディソン・ホテルの宴会場で、間もなく姿を見せるはずの新郎新婦を待ちわびて、歓声を上げたり、拍手をしたりしていたに違いない。十一月上旬の心地よく涼しい宵に、ホテルは砂漠のカーニバル会場さながらに煌々《こうこう》とライトアップされていた。新郎新婦の両親たちは満面の笑顔で、貸衣装のタキシードを着込み、檀上の位置に着いて待ち構えていた。アラブ風の楽団の木管楽器のうなりと太鼓のビートは最高潮に達し、ロビーに待機するホテルの職員たちは大声で呼び交わさなければ互いの声が聞こえなかった。披露宴は壮大にして騒々しい、汗も飛び散るような、華麗な大団円へと上り詰めようとしていた。もぞもぞとぎこちない足取りで入り口に近づく黒いコートの二人の人物に、気づいた人はいなかったらしい。その二人はやがて、歓声を上げている披露宴のゲストたちの間にもぐり込み、宴会場の上座の方へと移動した。

目もくらむような閃光が走り、すぐに何もかもが落ちてくるような感覚が襲った——天井も壁も床も。爆発の衝撃波で、上層階の宿泊客らもベッドから放り出され、ロビーの分厚い板ガラス製のドアが吹き飛んだ。一瞬の雷鳴、そして沈黙。それに続くいくつもの悲鳴。

複数の爆弾のうち、爆発したのは一つだけだったが、剃刀《かみそり》の刃の大群が襲ってきたかのように宴会場を切り裂いた。爆弾の核を周到に分厚く覆っていた何百という鋼鉄製のボールベアリングが、披露宴の飾りや、料理の載ったトレー、それに室内の装飾を貫いた。木製のテーブルは木端微塵。大理石のタイルも砕け散った。夜会服やクラッチバッグ、スーツの上着や糊づけされたシャツをズタズタにし、少女たちがパーティーの正装用に着るフリルの付いたドレスも切り裂いた。

二〇〇五年十一月上旬のあの水曜日、当時まだ大尉だったアブー・ハイサムは、例のごとく連日の長時間シフトの勤務をようやく終えようとしていた。第一報が入ったのは午後九時直前。町の反対側にあるグランド・ハイアット・ホテルで何らかの爆発があったという。当初はガスボンベが爆発したのだろうとのことだった。だがそこへ、デイズ・イン・ホテルでの第二の爆発の情報が入った。そして三番目の——初めの二件とは比較にならない惨状だという——ラディソン・ホテルの爆発のことも。アブー・ハイサムにはなじみの場所だった。ヨルダンの基準からすれば豪華なアンマンの代表的名所《ランドマーク》で、丘の上に建っているから首都のほぼどこからでも目に入る。アブー・ハイサムの執務室からも約三キロ先に見えていた。

ホテルへ駆けつけ、人をかき分けて中へ入った。救助隊や泣き叫ぶ生存者たち、荷物用のカートで運ばれて正面玄関前の路上に並べられた遺体などを目にしながら。宴会場では、煙と非常灯を透かしてまだ何体もの遺体が見えた。巨人に投げ飛ばされたかと思うような、ひどく不自然な格好で倒れている人もいる。手足が欠けている遺体もある。めちゃくちゃになった演壇の上にはタキシード姿のひしゃげた遺体が二つ。新郎と新婦のどちらの父親も自爆攻撃犯のそばにいて、即死したのだった。

アブー・ハイサムは三カ所の爆発現場それぞれに担当の調査チームを編成し、爆破装置のわずかな残骸や自爆攻撃犯の遺体の一部の肉片などを、夜を徹して探させた。やがて病院の急造の遺体安置所を訪れて、床に敷かれた木製の厚板を見下ろしたとき、この晩の出来事のおぞましさを初めて思い知らされた。無惨な姿の遺体。何十人もの負傷者たち。血と煙の臭い。破れた白いドレス姿で横たわったまま動くことのない二人の少女、リナとリハム。子煩悩の父親でもあるアブー・ハイサムにも同じ年頃の娘たちがいた。

「人間の心を持ったやつに、こんなことができるだろうか?」と、思わず声が出た。

そのわずか二日後、攻撃犯の一人——女性——が生き延びて逃走中だとの情報が入った。そしてその翌日、サジダ・リシャウィはアブー・ハイサムの目の前の椅子に座っていた。

誰が見ても周到に練られたこの重大な作戦に参加したのだから、何も知らないはずはない。テロリストたちの次なる標的はどこか? ひょっとして今この瞬間も、何らかの計画が進行中なのか?

「知りません……知りません」この女は時おり、やっとのことで小さなつぶやきを漏らした。まるで薬物中毒者かと思うほど、ゆっくりと、同じせりふを繰り返した。

アブー・ハイサムは下手に出たり、脅しつけたり、そして良心に、信仰心に、あるいは神アラーにかけてしゃべらせようとした。だがむなしく時が過ぎていくばかりだった——ひょっとして取り返しがつかないことになるかもしれない貴重な何時間という時が。

アブー・ハイサムは思わず大声を上げた——「どこまで洗脳され尽くしているんだ、あんたは！　あんたをこんな目に遭わせるような連中をどうしてかばおうとするんだ？」。

彼女は役に立つことはひと言たりとも発しなかった。このときも、さらに有罪となって死刑判決を受けてから何カ月を経ても。それでもアブー・ハイサムには黒幕の正体はわかっていた。ムハーバラートの職員たちは誰もが知っていた。犯人自らが音声録音を公開して自慢げに責任を認める前からすでに。その男のやり口があちこちに見て取れた。わずか一〇分以内の連携の取れた連続爆発。自爆攻撃犯を軍用ＲＤＸ爆薬と最大限の殺傷力をねらった大量の金属片を仕込んだ爆発装置で巧みに武装させて、現場へ送り込む手口。そして何よりも標的の選択が象徴的だった——どんな晩でも、アンマンの中流層が宴会場を貸し切り、何かの会合か記念行事に着飾って集まってくる、ごく普通のホテル。平日の夜九時、ラディソン・ホテルのロビーを情報機関の工作員や将校が通りかかることはまずあり得ない。だが戦場と隣り合わせのこの国で、大勢のヨルダン人たちが普段どおりの生活のひとこまを律儀に演じるために集っていることは確実だった。

こうした特徴は本人の音声録音と同様に、間違いなくザルカウィのものだった。ムハーバラートがいやというほど知り尽くした人物だ。連続ホテル爆破事件当時、ザルカウィは「イラクのアル＝カーイダ」と呼ばれるきわめて凶暴なテロリスト・ネットワークのトップだった。だがヨルダン側は、ザルカウィがまだ「ごろつきのアフマド」と呼ばれていたころからよく知っていた。大酒飲みで喧嘩っ早いと評判の、高校中退の落ちこぼれ。そんな彼が一九八〇年代末、共産主義者たちと戦うと言ってアフガニスタンへ向かい、戦場で鍛え抜かれた狂信的な信仰者としてヨルダンに戻ってきたときも、ムハーバラートは注視していた。初めてテロ活動に手を染めた結果、ヨルダンのもっとも闇の深い監獄の一つに姿を消した。そして今度は、戦場で鍛え抜かれた狂信的な信仰者であるだけでなく、卓越したリーダーとなってふたたび姿を現した。

監獄暮らしを終えたザルカウィの人生行路を変えようと試みた一人がアブー・ハイサムだった。一九九九年、ザルカウィは二度と戻らないという条件でヨルダン出国を認められたが、最後に直接会った情報部員がアブー・ハイサムだった。このとき、ふたたびアフガニスタンへ向かうザルカウィを待ち受けるのは、不毛な未来とわびしい墓場だけだと、ヨルダン側は考えていた。

そこへアメリカが割り込んできた。まさに青天の霹靂だった。ごく一部の情報機関関係者しかザルカウィの名前など聞いたことがなかった二〇〇三年のこと。この無名のヨルダン人こそイラクの独裁政権と二〇〇一年九月十一日の米国同時多発テロ事件の首謀者たちを結ぶ人物であると、ワシントンは断言した。そしてその結果、この男をテロリストのスーパースターに祭り上げてしまったのだ。アメリカの主張は間違っていた。しかしやがて米軍がイラクを侵略したとき、この新たに脚光を浴びて潤沢な資金を持ったテロリストは、戦いを繰り広げるべき戦場と、大義と、そして間もなく何千人という信奉者を手に入れることになった。イラクが混乱の中に揺れた三年間、ザルカウィは意図的にイラクを宗派対立による内戦の瀬戸際へと追い込んだ。モスクやバザールや学校で、シーア派の一般市民に対する残忍な波状攻撃をこれでもかとばかりに展開したのだ。さらに、恐ろしく生々しい形の新手のテロでも無数の人びとを震え上がらせた――人質を斬首し、それをビデオ撮影し、家庭へ直接映像を流すことができるというインターネットの新たな力を使って世界中に送信した。その一方で、ザルカウィは生まれ故郷のヨルダンにも容赦なく襲いかかり、イラクにおけるアメリカの電撃的勝利を、ベトナム戦争以来最大の犠牲を伴う軍事作戦へと変貌させたのだった。

しかしザルカウィの最大の成果は何年ものちになってようやく明らかになった。その活動をアル＝カーイダの分派ととらえる見方もあったが、ザルカウィは誰の手下にもなるつもりはなかった。ザルカウィ流のジハードの進め方はあくまでも独自かつ残虐極まりないものだった。ウサマ・ビン・ラディンのねらいはイスラーム諸国を西洋の腐敗した影響力から徐々に解放することであり、いつの日かカリフ制国家という単一のイスラーム神政国家に統一することをめざしていた。それに対してザルカウィは即刻カリフ制国家を創造できると言い張っていた――今すぐ、ここで。それは想像を絶する残忍な活動を通じて地上に神の王国を築き上げようとするもので、劇的効果をねらった極端な暴力行為は筋金入りの聖戦の戦士《ジハーディスト》たちを惹きつけ、その他の連中はことごとく怖気づいて服従するはずだと、ザルカウィは正しくも確信していたのだった。その戦略はアル＝カーイダとは比べようもないほどに中東のこの地域を動揺させた。

ところがザルカウィの行き過ぎた行動は敵の決意も固めさせることになった。連続ホテル爆破事件を受け、アブー・ハイサムとムハーバラートの職員たちが目標としたのはただ一つ、このテロを命じた人物をつぶすことだった。そして二〇〇六年、ザルカウィの潜伏先の特定につながった機密情報をアメリカ側に提供し、目的を達することができたとき、このテロリストとその組織は潰えたかのように見えた。だが実際は、ザルカウィの信奉者たちはいったん退却しただけだったのであり、シリア辺境の無法地帯で静かに力を蓄え、二〇一三年、もはやテロ組織ではなく軍隊として、唐突に姿を現したのだった。

このとき、戦争に疲れたアメリカは協力を拒み、重い腰を上げたころには手遅れだった。この間アメリカは、ISISに安全地帯は与えまいとしていたシリアの穏健派反政府勢力に本格的に武器を提供することもしなかった。ISISの幹部や補給ルートをねらった空爆もなし。一〇年前と同様、ジハーディストらがこの地域を席巻しようとしていた。そしてやはり一〇年前と同様（と、ヨルダン側には思えた）、アメリカ側の対応はまるで救命ボートの底にわざわざ穴を空けるようなものだった。

ザルカウィの後継者たちはISIS——または単純に「イスラム国（IS）」——を名乗るまではさまざまな名称を使っていた。だがザルカウィのことは一貫して「聖戦戦士の長老《ムジャヒド・シャイフ》」と呼び、われこそは中東の地図を描き直すことができるのだと信じていた、この大胆不敵な創設者に敬意を払っていた。そして彼らもザルカウィと同様に、彼らの征服はまだまだこんなものでは終わらないと確信していた。

ハディースと呼ばれるイスラーム教の聖典の一節のなかに、ザルカウィは自らの運命が予言されていると見ていた。われらこそ、古代の神学者たちが記した黒づくめの兵士たちであると——「黒い旗は東からやって来るだろう、故郷の村の名を姓とした、長い髪と顎ひげの、勇ましい男たちに導かれて」(5)。こうした征服者たちは太古のイスラーム教徒（ムスリム）たちの領土を奪い返すだけではない。シリア北部で、西洋の大軍勢が崩壊して終わるはずの最後の一大決戦に向けて、彼らこそが火ぶたを切って落とすのだと信じていた。

かつてザルカウィは説教でこう述べた――「ここイラクで、すでに口火は切られた。その炎はダービクで十字軍を焼き尽くすまで燃え盛るであろう」(6)〔ダービクとはシリア北部の小都市で、イスラーム教の聖典にはイスラーム教の敵との最終決戦が行なわれる場所だと記されているとして、「イスラム国」が重視している〕。

ムハーバラートの男たちはザルカウィが囚人だった当時から、こうしたたわごとをうんざりするほど聞かされていた。しかし今や、その後継者たちが同じ厚かましい主張を繰り返していた。そして総勢三万人の勢力が、ヨルダンとの国境のすぐ向こう側で待ち構えているのだった――「妹のサジダ」を返せ、と。

捕虜交換という茶番劇は二〇一五年二月三日、突然の幕切れを迎えた。ヨルダンのアブドゥッラー二世国王が公式訪問のためにワシントンに到着した翌日のことだった。これまでもひたすらアメリカに支援を求める旅を繰り返して疲労困憊の国王だったが、同じ訴えをするためにあらためてやって来ていた。彼のちっぽけな国は国外からのしかかる二つの重荷にあえでいた――シリアから押し寄せる難民という人間の波（それまでにすでに約六〇万人）、そして欧米とアラブの同盟諸国によるISISに対する軍事作戦に参加するための出費とである。今回の旅も順調とは言いがたかった。アメリカの議員たちは同情こそ示してくれたが、それだけだった。ホワイトハウスの関係者らは、ヨルダンの防衛力と低迷する経済の増強にご協力しましょうと、おなじみのせりふを繰り返すばかり。国王が必死に求めていた支援の手はどこからも伸びてきそうになかった。

国王の失望は憤りに変わって久しかった。[7] これまでの訪問時にも、ＩＳＩＳのトラックや戦車を破壊できるレーザー誘導弾などの最新兵器をヨルダン側は要求してきたが、オバマ大統領に断られていた。今回は両首脳が会えるという確約すらもらえていなかった。

アブドゥッラー二世国王は議会議事堂にいて、上院軍事委員会委員長で共和党のジョン・マケイン上院議員を説得しようと試みていた。そのとき、国王の側近の一人が割って入った。国王は廊下へ出ると、交渉中の捕虜交換に関してＩＳＩＳ側が突きつけてきた最終回答をスマートフォンの小さな画面で目にした。ビデオカメラが撮影するなか、覆面をしたジハードの戦士らが、ガソリンをまいた小さな金属製の檻へと若きヨルダン人パイロットを歩かせた。そして火を放つと、パイロットが生きたまま焼き殺されるのを撮影し続けたのだった。

国王が会談の場に戻ったころには、マケイン議員の補佐官らもその動画を見ていた。国王は平静を装ったが、ひどく動揺していることがマケインには見て取れた。

「今後さらに何かわれわれにできることはありますか?」と、マケインは訊いた。[8]

「私たちはあなたがたから何ら支援を受けていないではないか!」と、国王はようやく言葉を絞り出した。「受け取っているのは相変わらず無誘導型の重力爆弾ばかりだ。それすらも補充されていない。その間もわが国は、アメリカを除く有志連合のすべての国の合計よりも二〇〇パーセントも多く空軍機を出撃させているというのに」

アブドゥッラー二世国王は予定どおり日程をこなしていったが、すでに帰国を早めることを心に決めていた。そのために調整を進めていた矢先に、ホワイトハウから電話が入り、大統領と一五分間なら会談できるがどうするかと申し出てきた。国王は受け入れた。

大統領執務室《オーバル・ルーム》に入ると、オバマ大統領は空軍パイロットの遺族に弔意を述べ、ＩＳＩＳに対する軍事作戦へのヨルダンの貢献に対して国王に謝意を表した。そしてアメリカ政府はヨルダン支援に全力を尽くしていると、国王に保証した。

「いいや、大統領殿、尽くしてなどいませんよ」と、アブドゥッラー二世国王は言い切った。続いて必要な兵器や備品のリストを長々と挙げた。会談に同席したホワイトハウスのスタッフによれば、国王はこう述べたという――「われわれにはあと三日分の爆弾しか残っていない。それでも私は帰国後、直ちに戦争を始める。そして手元の爆弾を一発残らず使い尽くすつもりですよ」。

帰国を前に、アブドゥッラー二世国王にはもう一つ片づけるべき用件があった。空港に着くと、国王はアンマンの補佐官らに電話を入れ、二件の死刑執行手続きを開始するよう指示を出した。ヨルダンの死刑囚のなかには、ザルカウィの命令による残忍な殺人行為で有罪判決を受けた者が二人いた。一人はザルカウィ指揮下のイラクの反乱軍で中堅の隊員だったイラク人の男。もう一人がサジダ・リシャウィだった。どちらも遅滞なく処刑せよと、国王は命じた。

死刑囚は二人とも、通常の司法手続きを経て何年も前に有罪となって死刑判決を受けていた。だが、欧米各国政府は今回の処刑を報復措置と見て抗議するに違いないと、国王は読んでいた。それでも国王の決意は揺るがなかった。死刑執行人の出番はただでさえ延期されすぎていたのだと、側近たちに語った。

「異論には耳を貸さん」と、国王は言った。

アンマン時間の午前二時、看守らがリシャウィを独房へ迎えに行ったころ、国王はまだ帰路の機上にあった。彼女は通例の最後の食事を断り、敬虔なムスリムが来世に備えて身体を清める儀礼的な入浴も辞退した。処刑当日の死刑囚だけが着せられる指定の赤い服に着替え、いつもどおり頭部と顔を覆うヒジャブも身につけた。

リシャウィは看守らによって刑務所外で待つバンへと送り届けられ、首都の南方一〇〇キロ弱の砂漠の丘陵地帯にあるヨルダン最大のアッ＝スワカ刑務所へと、軍部の護衛つきの車列で向かった。午前四時を前に現地に到着したとき、薄靄《もや》を透かした南西の水平線の彼方に、満月が没しようとしていた。目隠しをされる前にリシャウィが目にしたこの世の最後の光景は、白壁に小さな窓が並んだ狭苦しい処刑室と、すぐ足元の証人室から見上げる数人のくたびれた顔だけだった。重たい金属製の留め金で絞首用の縄が固定される間、イスラーム教の導師《イマーム》が祈りを捧げ、何か最後の望みや遺言はないかと、判事がリシャウィに訊ねた。返事はなかった。

絞首台の床の扉が開き、闇の底へと乱暴に突き落とされていくときも、彼女は聞き取れるような声は一切発しなかった。刑務所の医師が脈を診て、死亡を確認したのは午前五時一五分。日の出まで九〇分という時刻だった。

「ザルカウィの女」は死んだ。彼女の処刑はヨルダン史上最悪のテロ事件に幕を下ろした。しかしザルカウィの子供たちは、彼らの組織の創設者が思い描いていた、はるかに大きな野望を追い求めていた――ヨルダンとその王家の終焉、国家間の国境線の消滅、そして中東の近代国家各国の滅亡。それが実現した暁には、地中海東部沿岸地域《レヴァント》からペルシャ湾に至る各地で、イスラーム教の古都の数々に黒い旗を翻し、欧米との黙示録的な最終決戦に挑もうというのだった。

第１部

ザルカウィの台頭

1 「目だけで人を動かすことができる男」

ヨルダンの中でも最低の監獄といえば、かつての砦を転用したアル＝ジャフル刑務所と相場は決まっていた。数十年来、凶悪犯中の凶悪犯が収容され、世間の忘却の彼方へと消え去っていった。ヨルダン南東部の苛烈な砂漠地帯、同名のベドゥインの村の外れにあり、まさに人跡の絶えるところだ。監獄の先に広がる土地はのっぺりとして、日差しに焼かれた泥土の盆地へと続き、水平線まで見渡す限り丘もなければ岩もなく、草の一本も生えていない。かつてここまで水を湛えていた海は太古の昔に干上がって、何かがぽっかりと欠けたような空間だけを残している。そのあまりにも異様な虚空は、たまさか通りがかって目を向ける旅人たちに畏怖の念すら抱かせる。一九六二年に映画『アラビアのロレンス』の一部をこの干潟で撮影したデイヴィッド・リーン監督は、「恐ろしい孤独感が漂う」と書き残し、「これまで目にしたいかなる砂漠よりも広漠としている」と言い切った(1)。フィルム編集を担当したハワード・ケントはアル＝ジャフルを見て端的にこう述べた——「地獄とはどんなところか思い知らされる(2)」。

通常の監獄には危険すぎる囚人たちを収容するため、イギリスの軍事顧問らが石灰岩の壁と背の高い監視塔付きのいかめしい監獄を建てるのに選んだのがこの土地だった。そしてそれから何年ものち、ヨルダン政府が国家に対する脅威と見なしたパレスチナ人の民兵などの過激派を隔離するようになったのも、この場所だった。多くは正式な裁判も経ることなく、何百人もの男たちが狭苦しい、害虫だらけの監房に押し込められた。そして酷暑、悪臭を放つ食事、それに種々の虐待を堪え忍ばされたことを、のちに国連の調査官らが報告している。[3] 新たな収監者たちは意識を失うまで殴られるのが常だった。さらには電線で鞭打たれ、タバコの火でやけどを負い、膝の間に挟んだ棒切れで逆さ吊りにされたりもした（看守たちはこれを「チキンのグリル」とはやし立てた）。しかしヨルダン王室はこれほど人里離れた監獄の運営コストと、あまりの悪評に次第に嫌気がさしてきた。そして一九七九年、最後の囚人たちがほかの監獄へ移管されるとアル＝ジャフルは放置されることとなり、サソリと亡霊たちの棲家となった。

何年ものち、それも突然の成り行きで、この古びた監獄が復活した。それまでヨルダン最大のアッ＝スワカ刑務所に収容されていた熱狂的な反政府主義者の一団について、その刑務所内での振る舞いにヨルダン国家警察本部の幹部たちが不安を抱いた。そして一九九八年、ほかの囚人たちへ悪影響が及ぶのを防ぐため、この一団を隔離することにした。警察幹部らはアル＝ジャフルの埃まみれの一棟を再開させ、労働者らを派遣して廊下を清掃した上で、一団をまとめて収監できる大型の監房の準備をさせた。組み立て式の二段ベッド二五台がわずかな隙間を残して並べられ、監房の入り口には鉄格子の新しいドアがボルトで取り付けられた。膝の高さ辺りに空けられた細長い通気口を除けばこれが唯一の開口部だった。施設の準備が整うと、国家警察本部は刑務所長を任命し、看守たち、洗濯係、そして料理人というお決まりのスタッフを雇い上げた。専任の医師を雇うには囚人の数が少なすぎた。このため、健康省から地元の村に派遣されていた医学部を卒業したばかりのバセル・アッ＝サブハに白羽の矢が立った。刑務所の常駐医師の務めを押しつけられ、ヨルダンでもっとも危険な五〇人の男たちの世話をすることになったのだった。(4)

長身の美少年のような二十四歳のサブハにとっては迷惑千万で、任務については激しく抗議した。ヨルダンの刑務所はそもそもひどいところだが、少なくとも評判を聞く限り、この監獄は桁外《けたはず》れにひどかった。赴任した初日からサブハは不安を募らせた。刑務所長のイブラヒムという中年の大佐と差し向いに座り、安全上の注意事項のリストを確認させられたのだ。イブラヒム所長はこう釘を刺した——この連中のような囚人たちを扱う場合、いついかなるときも鉄格子のこちら側にいることが絶対的に重要だ、診療中でさえも。さらに、鉄格子があれば十分に安全だなどという甘い考えに流されてはいけない、と所長はサブハに警告した。

「実に危険な連中なのだ。たとえ物理的に危険でないとしても、あいつらは独特な仕方で君に影響を及ぼすことができる。私でさえ、連中に抱き込まれないように注意しておかねばならんのだ」と、イブラヒムは言った。

続いてイブラヒム所長は新入りの囚人たちの風変わりな特徴を説明した。まず彼らの奇妙な服装——ほとんどの者が囚人服の上にアフガニスタン式の上衣《チュニック》を着ることにこだわった。細身の囚人用ズボンは身体の線を露わにしすぎるというのだ。さらにイブラヒムはこの一団について、筋金入りの犯罪者ばかりか、刑務所の職員までも彼らの味方に変えてしまう能力を持っていることも説明した。アッ＝スワカ刑務所ではあまりに多くの看守たちが彼らの魔力の虜になってしまい、彼らと遭遇する可能性のある区画の任務では警備のシフトを九〇分以内に制限することを刑務所幹部らは余儀なくされたのだという。

一連の説明が終わろうとするころ、イブラヒム所長は囚人たちに気をつけるようにともう一度念を押した。なかでもある一人の囚人は――一団のリーダーに違いなかったが――人を惹きつける尋常ならざる力を持っている、とイブラヒムは言った。それはマクディシという名の男で、説教の能力に秀でた神学者であり、イスラーム版のラスプーチンさながらに人の心に巣食い、捻じ曲げてしまうことができるという。

「ひどく頭の切れるやつで、イスラーム教の知識については歩く図書館さながらだ。会えばわかるさ。二枚目の男で、すらりと背が高い。髪は薄茶色で青い目をしている。騙されるなよ」と、イブラヒムは言った。

息をつく間もなく、サブハは看守たちに護衛されながら刑務所の奥へと案内された。監視塔と武装した看守たちの前を通り、問題の囚人たちが収容されている棟に着いた。日没は優に過ぎていた。監房に近づくにつれ、入り口の鉄格子の間から薄暗い頼りない光が漏れているのが見えてきた。さらに近づくと、まず二段ベッドの列が浮かび上がり、続いて初めて見る囚人たちの姿にサブハは胸騒ぎを覚えた。

ベッドや礼拝用の敷布の上に端座した四八人の囚人たちが、点検を待つ新兵たちのように一心に入り口の方を見つめていた。どの者も同じく例の風変わりな服装をしていた――刑務所長が言ったとおり、青いシャツとズボンという規定の囚人服の上にゆったりとしたチュニックをはおっている。すべての目が入り口の近くにいる人物に向けられているようだった。サブハはそれが誰かを見ようと、恐る恐る近づいた。

監房の入り口には二人の男がいた。一人はすらりとした長身で、学者風の眼鏡をかけ、礼拝用の縁なし帽《キャップ》の下からもつれた薄茶色の髪が飛び出している。これが、刑務所長がマクディシと呼んだ男、この監房のカリスマ・リーダーだろうとサブハは見当をつけた。しかし室内の男たちの注意を惹きつけているのはもう一人の男のようだった。髪の色が濃く、背は低いががっしりした体軀で、首は太く、両肩はまるでレスラーか体操選手のようだ。わずか数十センチまで近づいたサブハは、男の右腕に不思議な傷跡があるのに気づいた――インクの染み込んだ、古い痣《あざ》のような色をした部分にぎざぎざの傷跡が走っている。傷跡の周囲の皮膚にはひきつれやしわができ、素人が縫合したことを示していた。

傷跡の男はベッドの列をじっくりと見つめ返したのち、振り向くと、訪れたサブハにまっすぐ視線を合わせてきた。その顔はいたって平凡で、ぽっちゃりとし、分厚い唇の周りを顎ひげが細く縁取っている。だがその両目は忘れがたい印象を与えた。深みを湛え、薄暗い監房の明かりの下ではほとんど黒く、冷たい知性が伝わってくる。油断がなく、詮索するようで、感情というものの痕跡がまるで欠けている。歓迎するでもなく、敵意を見せるでもなく、それはケージの中に落ちてきたばかりの肥えた若いネズミを注意深く観察するヘビの目つきそのものだった。

ようやく刑務所長が口を開いた。ぶつぶつと口ごもるように新しい医師を囚人たちに紹介すると、診察時間の開始を告げた。「医療上の問題のある囚人は前へ来て診察を受けてもよろしい」と、所長は言った。

囚人たちが詰めかけてくるに違いないと、サブハは覚悟して入り口に少しずつ近づいた。この瞬間のために心の準備はできていたし、狭い部屋に押し込められている男たちにありがちな発疹、軽い傷、アレルギー、それに胃の不調などに備えて十分な錠剤や軟膏を用意してきていた。だが驚いたことに、誰も微動だにしない。囚人たちは身じろぎもせずに座ったままで、傷跡のある男からの合図を待っている。男はようやく入口近くのベッドに座っている囚人に視線を向けた。傷跡の男がわずかにうなずくと、座っていた囚人が立ち上がり、物音ひとつ立てずに入口へと歩いてきた。傷跡の男が二度目、三度目とうなずくと、一人、また一人と囚人たちが入口の前に列をつくった。

五人（わずかに五人だ）の男たちが合図を受けて呼び出されたが、その間、傷跡の男はひと言も発しなかった。続いて例の爬虫類が凝視するような目つきのまま、サブハ医師に向き直った。ヨルダン随一の過酷な監獄にいてもなお、絶対的な統率権を握る男の目だった。

サブハは動揺した。それはこの古《いにしえ》の砦の土台のどこか奥深いところからわき上がってくる震動のように感じられた。サブハは不思議に思った——「目だけで人を動かせるなんて、この男はいったい何者なのだ？」。

それからの日々、サブハ医師は書類を漁り、担当する新たな囚人たちの素性について、そして刑務所の幹部たちがなぜ彼らを恐れるようになったのか、手がかりを探した。そしてわかったのは、この一団の中核を成しているのが二十数人の男たちで、一九九〇年代初頭にヨルダンで結成されたいくつかのイスラーム主義過激派セクトのメンバーだったことである。リーダーのアブー・ムハンマド・アル＝マクディィシ——アラブ諸国の首脳たちに対して長たらしい批判を書き連ねることで有名な兆発的な説教者——を除き、その男たちの経歴は凡庸だった。なかには街角のごろつきが宗教に目覚め、狂信者たちに受け入れられ、目的を見出した者たちもいた。あるいは一九八〇年代にアフガニスタンでソ連軍と戦ったアラブの義勇軍のメンバーもいた。それが安全で情勢の安定したヨルダンに戻ると、イスラーム教の敵との絶え間ない聖なる戦いを通じて、アフガニスタンでの従軍体験の栄光をふたたび味わわせてくれるような組織に惹かれていったのだった。

だがヨルダンでの彼らの聖戦《ジハード》の試みは栄光にはほど遠かった。マクディィシの小規模なグループのリーダーたちは、最初の作戦——国境のイスラエル側の駐屯地への計画的攻撃——を決行する前に逮捕されてしまった。ほかの男たちの組織がねらったのは、堕落した欧米文化を象徴するものだったが、酒屋、ビデオ店、ポルノ映画館といったけちな標的ばかりだった。最初の爆弾テロ作戦の一つは壮大な失敗に終わっていた——一人の男がサルワという名のポルノ映画館に爆弾を仕掛ける役を買って出たが、思わず映画に見入って爆弾のことをすっかり忘れてしまったのだ。スクリーンに目を奪われている隙に、足元で爆弾が爆発した。ほかの観客は無事だったが、この男は両足を失った。六年後、両足のないこの男はアル＝ジャフル刑務所でサブハ医師が担当する囚人たちの中にいた。サブハは最初の訪問のときにこの男に気づいていた。ズボンを膝のところで丁寧にピン止めして、ベッドに座らされていたいのだ。

このとき、大部分の男たちは収監されてから四年またはそれ以上の年月が経っていた。しかし収監する目的がジハードを挫き、彼らの活動の勢いを削ぐことだったとすれば、その試みはまったくの失敗に帰していた。ほとんどのときを同じ監房に閉じ込められて過ごしていた男たちは、不自由な暮らしの中で結束を固めた。そして麻薬の売人、窃盗犯、それに殺人犯といったほかの囚人たちと混じるなか、純粋な信仰を守り抜くための日々の苦闘を通じても、結びつきを強めていた。彼らは共通の教義を信奉していた――マクディシが生み出した厳格なイスラーム教のあり方で、終わりの見えない収監の日々の中で、繰り返し説き聞かされたものだった。彼らの規律も尋常ではなかった。一団は一つの軍隊として振る舞い、明白な権威のランク付けがあり、マクディシが自ら選んだ規律の番人への服従は絶対的だった。何をどう考えるべきかを教えるのはマクディシだった。だがそのほかはすべてナンバーツーのあの男が管理していた。どのように話し、どのような服を着て、どの本を読みどのテレビ番組を見るか、監獄のルールに従うか否か、そしていつ、どのように抵抗するか。その男の本名はアフマド・ファディル・アル＝ハライレーといったが、本人は「アル＝ガリブ」つまり「よそ者」と呼ばれることを好んだ。これはアフガニスタンの内戦に戦闘員として従軍していた当時のあだ名だった。しかしなかにはすでに、この男が生まれ育ったヨルダン北部のすさんだ工業都市のザルカの名に因み、「ザルカ出身の男」と呼んでいる者もいた。アラビア語では「ザルカウィ」だ。

サブハは二人のリーダーを間近に観察することができた。彼が見たマクディシは穏やかで感じがよく、人を幻惑する神秘主義者というよりも、むしろ人当たりのよい大学教授を思わせた。間もなく四十歳、自分は監房に同居する数十人の愚鈍な男たちよりもっとましな仲間と過ごすべき人間だ、と感じてうんざりしているインテリ——そんな空気を漂わせていた。宗教上のアドバイスや、ときには宗教的な法的裁定であるファトワー〔何らかの実際上の問題に対する、イスラーム教の教義に照らした法学的解釈〕も同居者たちに快く提供したものの、エッセーを執筆したりコーランを読んだりと、孤独のうちに時間を過ごすことを好んだ。著述家としてのマクディシは何ものも恐れはしなかった——煽動的なタイトルの書籍の数々でイスラーム圏全域に名を馳せ、たとえば『民主主義は宗教である』という本では、アラブ諸国の世俗主義政権を非イスラーム教的であるとして破壊を呼びかけていた。その執筆活動はやがてイスラーム主義者らの間で多大な反響を呼び、アメリカ国防総省は二〇〇六年の調査報告の中で、「ジハード主義者らの知的世界におけるもっとも重要な新たな思想家」と呼んだ。

アラブ諸国の首脳らに対し、堕落していて信仰に忠実ではないと批判するイスラーム主義のイデオローグたちは以前にもいた。エジプトの著名な著述家であったサイイド・クトゥブ〔一九〇六～六六年。イスラーム教の復興を掲げるムスリム同胞団の急進的思想家。ナセル政権下で死刑〕の著作にも同様の主張が見られ、アル＝カーイダの創設者らにインスピレーションを与えた。しかしマクディシの場合、公権力の異端性が明らかになった場合、ムスリムは一人ひとりが自ら行動する義務を負うと考えていた。堕落した首脳らを糾弾するだけではだめだというのだ。ムスリムたるものは、彼らを殺戮することをアラーによって求められているのだ、と。

「各国の首脳たちは背教者であって、ムスリムたちは彼らを殺すべきだというのがマクディシの急進主義的な結論でした」と、かつてマクディシがその思想を固めつつあったころに交友のあったヨルダン人の識者で著述家のハサン・アブー・ハニエーは言う。[5]「この『殺す』というのが転機となりました。愚か者の政権首脳らはアラブの土地に外国人をのさばらせている、と感じていたムスリムたちの間で、このメッセージは共感を呼んだのです。こうした人びとにとって、マクディシは自分たちの考えを是認してくれるだけでなく、この事態をなんとかすべく一人ひとりが行動する義務を負っているのだ、と呼びかけていたのです」

しかし奇妙なことに、イスラーム教の敵と対決せよと声高に呼びかけていた当人は、闘争から尻込みしているように見えた。サブハも目にしたとおり、情報機関の尋問官や捜査員が刑務所を訪れると、マクディシはいつも礼儀正しく迎え、彼らの家族が息災かと尋ね、その同じ男たちの手でひどい目に遭わされてきた同房の囚人たちを狼狽させた。マクディシは看守や刑務所の職員らに対しても、彼ら自身やヨルダン政府がなぜ背教者であるのかを忍耐強く説き聞かせ、コーランを引用して自身の主張を裏づけた。だが反論されると引き下がることも多く、聖典のそれほど厳格でない解釈も可能だと認めるのだった。

マクディシはあるときサブハに対し、「国会議員であっても善良なムスリムでもあり得る」と、世俗主義政権の種々の害悪を説いてきた自身の核心的主張と矛盾するようなことを言った。「国民に奉仕したいから選挙に出たのであれば、それは善きムスリムだ。しかし民主主義を信じるのだとすれば――つまり人間が作ったルールを信奉するのであれば――その人物は背教者なのだ」。

マクディシはこの若き医師を気に入っているようだった。サブハは世俗主義者ではあったが、アル＝ジャフルでマクディシ以外に大学院の学位を持っている唯一の人物だった。ある日、二人の関係が進展する出来事があった。マクディシのもっとも若い妻がこの砂漠の刑務所に面会に訪れたとき、体調を崩した。彼女は月経の異常出血を起こし、サブハは村の自分のクリニックで診察する手はずを整えた。これはマクディシを怒らせる可能性もあった——極端に保守的なムスリムたちは、男性医師が妻を診察するのを拒むこともあるのだ。だがマクディシは心から感謝しているようだった。その日以来、サブハが監房を訪れる度に、マクディシは満面の笑顔で迎えるようになった。

アル＝ジャフル刑務所のような荒っぽい場所では、礼儀正しさと知性は男どもを従わせるには無用の長物だ。だからマクディシは強制力を持つ人間を必要とした。そしてザルカウィという理想の片腕を見出した——卑屈なまでの敬虔さと徹底した冷酷さを併せ持つことを誰もが認める男である。「彼は実にタフな人間だ。そしてヨルダン人中のヨルダン人、つまり部族の男なのだ」と、マクディシはこの配下のナンバーツーの男について称賛をこめて言うのだった。(6)

二人の性格はまさに正反対だった。ザルカウィには心の温かさや機微といったものがまるで欠けていた。この傷跡の男は決して微笑まない。刑務所職員のあいさつは無視し、世間話にも応じない。ザルカの町のひどくすさんだ界隈で生まれ育ち、高校を中退して喧嘩と軽犯罪に明け暮れて大人になった男らしく、たまに口を開けば言葉づかいは不良少年そのものだった。暴れん坊で社会のしきたりに合わせようとしない性格のおかげで、ザルカウィは子供のころから厄介者扱いされた。そんな性格は三十三歳になったそのころ、すでにザルカウィにつきまといつつあった数々の伝説に箔をつけることにもなった。

マクディシが本や思想といった天上の世界を好んだのに対して、ザルカウィは純粋に肉体的な男で、バーベル代わりにバケツに石を入れて鍛え上げた無駄のない筋肉質の体躯をしていた。(7) その犯罪歴——刺傷事件や殴打事件、売春あっせんや麻薬取引など——にまつわる種々の噂話は、ザルカウィが危険で油断ならない男であるとのイメージを生んだ。どんなことでもやりかねない、行動の男。

ザルカウィはアフガニスタンでは無謀なほど勇敢に戦った。そして衝動的に暴力を振るうというそのころからの評判は、監獄に入ってからも変わらなかった。ザルカウィと同僚たちが収監された最初のいくつかの刑務所では、繰り返し権威に逆らい、気に障った囚人たちには拳や即席の武器を使い、(もっぱらの噂では)ときには性的にも、痛めつけ、辱めた。あるときなどは怒りにまかせて看守の制服の襟首をつかみ、コート掛けに吊るしたという。あるいは手作りの棍棒やベッドのフレームで作った剣で武装し、囚人たちをけしかけて暴力的な抗議行動を煽動したこともある。「おれたちは死ぬためにここへ来たのだ!」と、囚人たちは金切り声を上げた。(8) そして刑務所長が折よく介入し、彼らジハード主義者の囚人らに大幅に譲歩しなかったならば、そのとおりになっていただろう。

マクディシの導きのもとでザルカウィの暴力は下火になった。だがその凶暴なエネルギーは単に形を変えただけだった。ザルカウィはコーランを暗記しにかかった。何時間も延々と読み耽り、ときには膝の上にコーランのページを開いたまま虚空を見つめていることもあった。それまで気まぐれに爆発させていた憤懣はある一点に絞られていった——アラーの敵と見なした者たちへのぶれることのない激烈なる憎悪。そのリストの筆頭はヨルダンのフセイン一世国王だった。イスラエルとの和平という唾棄すべき犯罪の責任者であり、いかさま国家の不当なる元首であると、ザルカウィは考えていた。さらにザルカウィの憎しみのリストにはその政権の僕《しもべ》たちが続いた——刑務所の看守たち、将兵、政治家、官僚、そして現行の政治制度のおかげで甘い汁を吸っている無数の連中。ザルカウィは同房の囚人たちでさえもカーフィル、つまり不信心者として糾弾した。ムスリムにとってこれは単なる蔑称では済まない。ファトワーでそう断じられれば、その者はイスラーム法の保護を失ったことを意味し、不浄なる者として殺してもいいことになるのだ。監獄内で、看守たちはザルカウィとそのもっとも忠実な側近たちのことをアッ=タクフィリス——異端宣告人たち——と呼んだ。[9]

同時に、ザルカウィはムスリムの囚人たちに対しても、リーダーかつ規律の番人としていっそう厳しく振る舞うようになった。男たちには絶対的な服従を要求し、礼拝を怠ったり、ヴェールを着用しない女性キャスターが出ているテレビニュースを見たりすれば叱りつけた。こうした苛烈なやり方にもかかわらず、ザルカウィは刑務所当局に対する恐れを知らない反抗心のおかげで、囚人たちの間に信奉者を増やしていった。アル=ジャフルを公式に訪問する客人があっても、ザルカウィはしばしば彼らを無視し、あいさつを受けようとさえしないこともあった。そして囚人たちにもそうすることを要求した。

あるとき、ヨルダン政府は海外の人権団体に対して国内の刑務所の視察を認めることにした。すると内務省の高級官僚が現状の確認のためにアル=ジャフルへやって来て、外国人には刑務所に関するネガティブなことは言わないでくれと囚人たちに頼み込んだ。だがザルカウィ配下のムスリムの囚人らは返答を拒んだばかりか、目を合わせようともしなかった。

憤慨した官僚は、最初は囚人たちを叱責し、続いて減刑をちらつかせる甘言で協力を得ようとした。「神の御心にかなうなら、フセイン一世国王は君たちに恩赦を与えるだろう！」と彼は言った。[10]

するとザルカウィは突然立ち上がり、いきなり官僚の鼻先に指先を突きつけ、唸るように言った――「この役人はわれわれの主人などではない！　われらが主人は全能なるアラーなのだ」。

今度は官僚が大声を上げて噛みついた――「神に誓って言ってやろう、おまえはここを出ることはできない！　おまえは監獄に居続けるのだ！」。

「アラーのお力で」とザルカウィは冷たく応じた。「われわれは出獄するだろう。神の御心とあらば、力づくでも」

ザルカウィには違う一面もあった。サブハは刑務所を訪れたときにその一端を垣間見ることもあった。それはザルカウィの普段の振る舞いとはまったく矛盾する奇怪なもので、まるで二重人格者かと思えるほどだった。

ザルカウィが母親を崇拝していて、彼女が面接に訪れると幼い少年のようになってしまうことは、アル＝ジャフル刑務所の誰もが知っていた。何日も前から、流し台で服をごしごしと洗い、監房の自分のスペースを整理整頓して備えた。母親、そして姉妹たちへザルカウィが書くラブレターのことを知っている囚人仲間もいた。ザルカウィは妻のインティサールや二人の幼子たちについてはほとんど口にすることがなかった。だが母親と姉妹たちに対しては、自作の詩や余白に描いた花などで飾り立てた甘ったるい手紙をしたためた。

「おお、妹よ、私が信仰のために投獄されたことで、おまえはどれほど苦しんできたことか」と、ザルカウィは妹のウム・カダマに書いた。青と赤のインクを交互に使って丁寧に手書きされた手紙は、一篇の詩で締めくくられていた。

私はおまえに手紙をしたためた、おお、妹よ、
それはこの魂の願いを形にしたもの。
初めに書くのはわが心の炎、
そして二番目はわが愛と切望だ。(11)

ザルカウィにはほかにももう一つ、尋常ならざる関心を寄せるものがあった。それは病気や怪我をした配下の男たちだ。同房の過激派仲間が体調を崩すと、ザルカウィは自ら英雄的に看病し、安らぎを得られるようにと自分の毛布や配給食を譲ってやった。そしてサブハ医師や、後から刑務所のスタッフに加わった二人目の医者の周りをうろつき、男たちが不当に扱われていると感じれば医師たちを怒鳴りつけた。

サブハはまた、もっとも弱い囚人仲間に対して示すザルカウィの優しさにとくに強い印象を受けた。それは両足のないエイド・ジャハリネという囚人で、ポルノ映画館のテロでしくじったあの不幸な爆弾犯である。ジャハリネは身体的な損傷に加えて精神疾患も抱えていたが、その重度の障害にもかかわらず、常にほかのイスラーム主義過激派の囚人たちと同じ監房で寝起きした。ザルカウィはこの男の世話役を自ら買って出て、入浴、着替え、食事の際に手を貸した。そしてほぼ毎日、両足のないこの男をこともなげにさっと腕に抱えてトイレにも連れて行った。この日々の儀式には、同志に対

するザルカウィの偽らざる思いやりと同時に、礼節に関する独特のこだわりもあるのではないかと、サブハ医師は推測した。彼らの厳格な道徳律によれば、この男の裸身をほかの者らの前にさらすことは辱めと罪となるのだった。

ある晩、サブハが監房を訪れているとき、ジャハリネは時おり起こる発作に見舞われた。叫び声を上げる発作で、通常は抗精神病薬の処方を要した。サブハが注射器をつかんで針を刺そうとすると、ザルカウィが進み出て制止した。ひと言も発せずに、ザルカウィはベッドから毛布を取り、ジャハリネの下半身を覆った。そして片手で毛布を押さえながら、もう一方の手でジャハリネのズボンの腰のゴムを引っ張り、細い三日月のようにわずかに肌を露出させた。それからサブハに手で合図した。

「間違いなくちゃんとした所にやれ」とザルカウィは命じた。

サブハはジャハリネの服の上から骨盤骨を探り、大丈夫だと確信してから、蒼白い肌に注射針を突き刺した。

治療を終えてジャハリネが安静を取り戻したとき、サブハが目を挙げると、ザルカウィが満足げに見つめ返していることに気づいた。爬虫類のようなその両目はどこかいつもと違っていた——サブハがこれまで目にすることのなかった何か。それはかすかな微笑の兆しではなかったかと、サブハは思った。

一九九八年の冬の到来は、凍えるような寒さだけでなく、さらなる囚人たちをアル＝ジャフル刑務所に運んできた。ほかの刑務所の過密状態を解消するための措置だった。イスラーム主義過激派の囚人たちはいつもどおり身を寄せ合っていたが、今や微妙なひびが入ろうとしていた。ジハードの闘士たちのなかには、マクディシに取って替わってザルカウィこそがリーダーとなるべきだと公言する者も出てきた。マクディシの専門家然とした立ち居振る舞いを不快に感じ始めるメンバーもいたのだ。

ザルカウィは自らの師に対して一切行動を起こさなかったものの、囚人たちの思いはもはや明らかだった。グループの大部分を構成するのは高校の落ちこぼれや、けちな犯罪に手を染めてきた連中だ。マクディシの含蓄に富んだ神学的な議論はそんな彼らには通じなかったのである。彼らが望んでいたのは筋金入りのならずもので、まさにザルカウィのように、はっきりものを言って、決して妥協しない喧嘩っ早い男だった。マクディシは自分でも認めたように、どう見ても戦士ではなかった。アフガニスタンでアラブ人戦闘員の訓練キャンプにいたときでさえ、銃の使い方を覚えるのを途中であきらめてしまったほどだ。

「あいつは銃弾とミサイルと戦車の真っただ中で生きるような戦士なんかじゃなかった、一日たりともね」と、アフガニスタンで戦ったある古参の戦士はのちに説明した。[12]

ザルカウィが差配者の地位を気に入っているのは間違いなかった。そして徐々にいっそう支配的な役割を担うようになり、マクディシ自身の了解のもと、この師にはますます宗教的な面だけを管轄させるようになっていった。刑務所の外でも、影響力のある人物たちがザルカウィの名前を初めて耳にするようになっていた。マクディシはロンドンからヨルダン川西岸のパレスチナの諸都市に至るまで、各地に散らばる多くのイスラーム主義者たちから信奉されており、そのなかには中東、北アフリカ、そしてヨーロッパ全域に資源や広範なコネクションを持つ人物たちもいた。今や彼らはマクディシから、彼の有能な片腕——人並み外れて勇敢なアフガン戦争の古参兵で、リーダーとして天賦の才を持つ——について知るようになっていった。

一方、サブハ医師は気づいて見れば以前よりも頻繁にザルカウィと仕事をするようになり、互いのやりとりは心温まるとまでは言えないまでも、親密さを加えていった。ある晩、サブハが見回りをしていると、ザルカウィが頼みごとがあると言ってサブハを隅へ連れて行った。ザルカウィが自分のためにサブハに何かを頼むのは初めてのことだった。

「どうも血糖値が気になってな」と、ザルカウィは口を開いた。「おふくろも糖尿病だから、そういう家系かもしれない。診てくれないか?」

サブハは、喜んでそうしたいところだが、ことは簡単ではない、と答えた。監房内で検査をすることはできない——ネズミが巣食うこのアル=ジャフルの不潔な監房で血液を採取するのは、感染症のリスクが高すぎた——だからザルカウィを村にあるサブハのクリニックに連れて行く必要があるのだ、と。

もう一つネックがあった。ザルカウィほどの危険な囚人をアル=ジャフル刑務所の外へ出すことが公式に許可されるかどうか。予想どおり、刑務所長は猛反対した。これがザルカウィを逃亡させる策略だったらどうするのだ? 仲間たちが村で待ち伏せしていたら? しかしやがてイブラヒム所長は折れ、ザルカウィを村のクリニックへ往復させるための武装護送団の段取りが整った。

血液検査を実施するという日、サブハはクリニックで当の患者を待ち受けることにした。一〇台から成る車列が村に到着したのは優に日没後のことだった。自動小銃で武装した何十人もの警備兵つきである。サブハが見たこともないほど大規模な軍の護衛団で、初めは王室の誰かが村を訪れたのかと思ったほどだ。しかし実際は囚人がたった一人、バンの一台から転げるようにして降り立っただけで、すぐに武装した男たちの垣根の中にふたたび姿を消した。

ザルカウィは囚人服に手錠をかけたまま、サブハの診察室へ連れられて来た。

「それを外してください」と、サブハは金属製の手錠を指さして要求した。

「先生、こいつは危険人物です」と、護衛の一人が抗弁した。

「五〇人もの兵士たちが彼の一挙手一投足を監視しているではないですか。ぜひとも手錠は外してもらいましょう」と、サブハは答えた。

なんとかザルカウィの腕を自由にできたサブハは、さっそく検査に取りかかった。採血をしようと囚人服の袖をまくり始めたとき、また邪魔が入った。今度はザルカウィだった。

「申し訳ない」と、ザルカウィは謝った。そして医師に触れられる前の状態にまで袖を戻した。それから手助けを得ずに自ら袖をふたたびまくった。肌に直接触れることに関するザルカウィ特有の難解な規律に、またもやサブハは抵触したのだった。

採血をしながら、サブハはついにザルカウィの腕の謎めいた傷跡について尋ねる勇気を奮い起こした。

「刺青があったのだ。錨の」と、ザルカウィは答えた。

「それでどうなったのですか?」

ザルカウィは十六歳でその刺青を入れたことを語り始めた。彼の言葉によれば「あまりイスラーム教的な志向を持っていなかったころ」のことだ。ジハードの運動に加わると、その刺青が恥ずかしくなった。漂白剤も含め、さまざまな方法で洗い落とそうとした。肌はひどく赤く荒れるばかりで、刺青は薄れる気配もなかった。

最終的にはザルカの親戚を頼り、服の下に剃刀を隠して監獄に面接に来てもらった。ザルカウィが座っている間に、その親戚は刺青の周囲に弓なりの切れ込みを二本入れた。そして上皮を削り取った。刺青がほぼなくなったところで、粗っぽく縫合した。

話を聞いてサブハは思わずぞっとした顔をした。だがザルカウィは肩をすくめただけだった。目障りな肌の一部を切り取ることなど、ゴキブリを叩きつぶすのと変わらず自然なことだと言わんばかりだった。イスラーム教が――ザルカウィ流のイスラーム教だが――それを要していたのだ。そこに議論の余地はなかった。あとはただ意志の力あるのみだった。

「刺青はハラームだ。禁止行為なのだ」と、ザルカウィは他人事のように言った。

サブハは検査を終え、肉体上は何ら病の兆候が見られなかったザルカウィはふたたび護送されて監獄へ戻った。サブハは居残って物思いに沈んだ――ちっぽけなクリニックが建つ道路は干上がった湖を縁取っていた。そしてその湖の先には、はるかに広大なアラビアの砂漠が圧倒するように続いていた。

七〇年前、あるイスラーム教の軍隊がこの同じ道路を進んでいた。馬やラクダで北へ向かい、ヨルダンという名の国〔一九二三年にイギリスの影響力のもとで成立したトランスヨルダン首長国。現在のヨルダン〕をアラーの名において地上から消し去るのが目的だった。イフワーン、つまり「兄弟」と名乗るこのベドウィンの襲撃隊は、政敵を討つためにサウジアラビアの初代国王、イブン・サウードが武装させ、訓練を施したものだった。[13] ところがイフワーンにはアラビア半島を超えてさらなる野望があった。血に飢えた狂信者集団である彼らは、西洋が案出したあらゆるものや行為は悪魔の仕業と見なしていた。そして外国人と結託するあらゆる連中を、あるいはイフワーンの視野の狭いイスラーム教の見方から逸脱する者らを、虐殺し、この地域一帯を浄化する──自分たちは神意によってそんな役割を与えられていると思い込んでいた。一九二〇年代初頭、内陸の過酷な環境の荒野から、彼らは新たに成立したヨルダンとイラクになだれ込んだ。両国政府を倒し、中東全域にわたる統一的なイスラーム神政政権──カリフ制──を創出しようというのだった。進撃路上の村々は村ごと叩き斬り、切り裂いて進んだ。生き残った男たちは一人残らず喉を切り、西洋の近代的なるものの痕跡は一つも残すまいとした。

彼らを制御しようとのサウジの王家の試みもむなしく、約一五〇〇名のイフワーン軍はヨルダンの首都アンマンまでわずか一六キロまで迫り、そこでようやく進撃は押しとどめられた。迫りくる隊列を英国軍機が発見して機銃掃射を浴びせ、わずか百人ほどの襲撃隊を除いて皆殺しにしたのだ。

少なくとも一九五〇年代まで、小規模な過激派たちがサウジアラビアの内陸の一部を支配し続け、彼らの村々にうっかり近づくよそ者を脅し、ときには殺害した。やがて彼らは消滅したが、イフワーンを突き動かした激しい憎悪は決して消え去ることはなかった。断固たる不寛容の精神、過激で容赦なく暴力的な形のイスラーム教を一種の浄化の火として奉じること──それらはアラビア半島内陸の孤絶した村々や、石油で潤うペルシャ湾岸の諸都市、そしてアフガニスタン東部の険しい丘陵地帯から、悪名高いヨルダンの窮屈な監房に至るまで、二十世紀末からさらにその先へと受け入れられていったのだった。

アル＝ジャフル刑務所ではその感染力は分厚い監房の壁の内側に封じ込められていた——少なくともある時期までは。アンマンの判事が言い渡した判決によれば、ザルカウィの刑期はさらに一〇年、この筋肉質で生命力溢れる若い男が中年に差しかかる二〇〇九年まで続くことになっていた。だがサブハ医師もよく知っていたとおり、ヨルダンでは実際の刑期が書面と一致することは稀だった。政権が交代したときや、宗教団体や部族の機嫌をとる必要があると思われたときなど、刑期は劇的に短縮されることがある。もしそんなことがあれば、ザルカウィが——そしておそらくはその追従者の一団も——ある日突然、自由の身になることもあり得るのだった。

2　「これぞリーダーという姿だった」

フセイン一世国王が死去する二週間前――臨終の最後の別れや、無数の会葬者の参列や、ヨルダンのもっとも偉大にしてもっとも長くこの国に使えてきた政治家を追悼しに世界の首脳らが列をなす前の、その静けさの中で――フセイン国王は長男アブドゥッラーを王宮に呼んだ。この青年の人生を一変させ、国家の運命を変容させる決断を伝えるためだった。

王は悪性リンパ腫の治療のためにアメリカで半年間入院し、帰国したばかりだった。だが癌はふたたび猛威を振るい、医者たちは先は長くないと言っていた。一九九九年一月二十二日、当時三十六歳の陸軍司令官で、軍人としてのキャリアの頂点にあったアブドゥッラーへ電話を入れ、すぐに来るようにと伝えた。

「おまえに会いたいのだ」と王は言った。[1]

アブドゥッラーは自ら車を運転し、高台からの首都の眺めがすばらしいフマル地区の王宮へと急坂を走らせた。宮殿に入ると王は食堂にいて、驚くほど弱々しく見えた。このとき六十三歳、げっそりとやせ、肌は黄疸で土気色をしていた。かつてはどことなく俳優のショーン・コネリーを思わせた白髪とひげは、大々的な化学療法のために失われて久しかった。

王は側近たちを下がらせ、扉を閉めた。そしてアブドゥッラーに向き直り、蒼白い手指で息子の両手をつかんだ。

「おまえを皇太子にしたいのだ」と王は言った。

ほとんど不可解に近い発言だった。もう三〇年以上も前からその地位はハッサン王子のものだった。アブドゥッラーが幼児のころにすでに後継者に指名されていた王の弟だ。運動が得意で少年のような風貌の王の長男アブドゥッラーは、成人してからずっと戦車や軍用ヘリを操縦したり、飛行機から飛び降りたりして生きてきた。政治や王朝内の陰の駆け引きにはほとんど興味を示さず、軍隊の裏表のない指揮命令系統の方が性に合っていた。それが今、父親は彼を無数の危難に満ちた地位にのぼらそうとしていた――その危難には、国を操ろうと何年も前から手ぐすね引いて待ち構えていた王族たちとのほぼ確実な衝突も含まれていた。

「叔父さんはどうなるのです?」――何年ものちの回想によれば、アブドゥッラーはようやく口を開いてそう訊いたという。

しかし王の心は決まっていた。数日後、王はハッサンへの公開書簡の形で自らの決断を公にした。ハッサンを皇太子の地位から公式に格下げし、王族内の強欲な「上昇志向の者たち」への失望をそれとなく示唆し、彼らは「干渉的」で「不忠」であるとした。そして自らの死後、王位は父から息子へと移ると述べた――この場合、王の弟や甥たち、そして一一人の子供たちの中にあって、王になる野望をもっとも欠いていることで知られた息子へと。

アブドゥッラーは皇太子として生まれた。ヨルダンの憲法上も、何世紀も続くハーシム王家の伝統からしても、その地位は最年長の男子に与えられるものだった。だが激動の一九六〇年代、戦雲が迫り、王位が暗殺や宮廷クーデターの脅威に常時さらされるなか、フセイン王は弟を皇太子にした。万が一自分が死んだときにも国政の安定を確保できるようにとのねらいだった。王位継承の線から外れたアブドゥッラーは、少年期と青年期の大半をヨルダン国外で過ごした。アメリカやイギリスで私立学校や大学へ通い、おかげで世事には通じたが、母国の裏面の仕組みについてはほとんど洞察を得ることができなかった。

帰国後は、職業軍人としてヨルダンの中流や下層の文化にどっぷりと浸かり、ほかの将校たちと同じバラックに暮らし、同じ埃臭い軍用食を食べた。少将まで昇進したが、スピード自慢の車やバイクへの青年らしい情熱は失うことがなかった。テロリストや犯罪者たちに対する作戦では、自ら特殊部隊を指揮する瞬間を愛した。前年には奇襲部隊を率いて市街戦の末にギャング団のアジトを見事に急襲し、その一部始終をヨルダンのテレビ局が生中継で伝えた。

しかし今、若き司令官のアブドゥッラーはフマル宮殿の食堂に座り、押しつぶされそうな思いだった。たったひと言で、父親はアブドゥッラーの世界を、そして恵まれていたとはいえ、自分と妻と二人の子供たちのために自ら築いていきた落ち着いた暮らしを、ひっくり返してしまったのだ。

王はそれまで決して明言しなかったことも認めた――死が間近に迫っているという事実。

「腹の辺りに冷たいものがわき上がるのを感じた。真に孤独に感じた最初の瞬間だったと思う」と、アブドゥッラーはのちに回想した。[2]

宮殿を後にして自宅へ帰ると、妻のラーニアが居間の床に座って家族の写真を周りに並べて眺めていた。アブドゥッラーの知らせを聞くと、目に涙が溢れた。二人を待ち受ける巨大な変化がひしひしと実感されたのだ。

アブドゥッラーはのちに回想録にこう記している――「間もなく私たちは、どちらも想像すらできなかった形でスポットライトの中へと押し出されることになるのだった。そして外の世界には多くの狼たちがいて、私たちがつまずくのを待ち構えていた[3]」。

そんな懸念はもっと差し迫った危難によってすぐに押しのけられた。フセイン王は最後にもうひと通り癌の治療を試みることに決めたが、それはアメリカでふたたび骨髄移植を受けることを意味した。王の不在中、事実上アブドゥッラーは摂政の役を果たすことになり、経験が浅いにもかかわらず、その任は政治的、外交的な難題の海に頭から飛び込むことを彼に強いるはずであった。まだこのときは知る由もなかったが、間もなくアブドゥッラーの喫緊の課題のリストには国葬と、自分自身の王としての正式な即位式が加わることになる。

一月二十九日、アブドゥッラーはアメリカのミネソタ州にあるメイヨー病院へ向けて旅立つ父親を空港へ車で送った。車が高層ホテルやオフィスビルが立ち並ぶ首都アンマンの裕福な西部地区を縫うように抜け、続いて空港へ通じる高速道路に乗る間、王は助手席に座って静かに窓の外を眺めていた。彼らは野外市場やネオンに照らされた小さなモスクがある郊外の貧しい地区や村々を通り過ぎた。続いて二人を乗せた車は開けた土地を滑るように走り抜けた。ごつごつとした丘陵を過ぎ、岩が散らばる野原では、羊とベドウィンのテントが衛星放送用のパラボラアンテナやトヨタのピックアップトラックと場所を競っていた。アブドゥッラーは腕を伸ばして父親の手の上に手を重ね、沈黙したまま車を走らせる間もそうしていた。

飛行機のところに着くまでは別れのあいさつは順調に進んだ。だがこれが父親との最後の瞬間だと確信したアブドゥッラーは、自ら固く誓った鋼鉄のように動じない姿勢が、思わずしばし崩れた。込み上げる涙をこらえながら父親の搭乗を助けると、別れを告げるために一瞬だけ父と一緒に通路に佇んだ。王はまっすぐに息子を見つめたが、王も溢れる思いを必死にこらえていることがはっきりわかったと、のちにアブドゥッラーは回想した。抱き締めたり、別れ際の指示を与える代わりに、王はただ一つうなずくと、背を向けて一人で通路を歩いていった。

ものの数分のちには、アブドゥッラー皇太子は宮殿で待ち受ける責務へ戻るためアンマンへ向かっていた。意識のある状態の父親に会うことは二度となかった。王は半世紀近く君臨した母国へ帰国を果たしたが、飛行機から担架に載せられて、待ち受ける救急車へと運ばれた。瀕死の王を迎える取材陣の姿はほどこにもなかった。アンマンのフセイン国王医療センターに到着すると、そこには何千人ものヨルダンの庶民たちが詰めかけ、冷たい雨の中で夜通し立っていた(4)。そして一九九九年二月七日の正午をわずかに回ったころ、全国のテレビの画面が一斉に暗転したその瞬間まで、立ち去ろうとはしなかった。

最後の数時間、アブドゥッラーは病床の横に座っていた。父親の苦しみを除いてやることもできず、かといって、内憂外患に迫られ、絶え間なく危機に見舞われているように思えるこの国を治めるため、わずかひと言の助言も求めることもできず、そんな無力感のために孤独が深まるばかりだった。

建国以来、ヨルダン国民はフセイン・ビン・タラール国王の葬儀ほど荘重なイベントを見たことがなかった。これほど大きな群衆が集まったことも。国旗に覆われた棺の葬列が通る予定の道路沿いには、推定八〇万人——ほぼ国民の四人に一人——の一般市民が歩道を埋め尽くし、窓辺や屋上に溢れた。じめじめとした冷気の中、人びとは身を寄せ合って何時間も立ち尽くし、ほとんどのヨルダン国民にとって生まれてこのかたただ一人の国家元首だった国王を追悼しようと待ち受けていた——戦争や内乱の時代、そして晩年には平和への歴史的な歩みを通じて国を導いてくれた、庶民感覚を持った笑顔の国王。人びとは男女を問わず人目をはばからずに涙を流し、アラブ人の風習によって泣き叫びながら自らの身体を叩いて弔意を表す者もいた。葬列の横について走る者、果ては悲嘆極まり葬列の前に身を投げ出す者さえいた。

これに劣らず壮観だったのはアンマンのラガダン宮に集まっていた外国の要人たちだった。国王の死から二四時間も経っていないというのに、マスコミがすでに「二十世紀最大の葬儀」と呼び始めていた行事に参列しようと、七五カ国の首相や君主らがアーチ型をした宮殿の石灰岩の門をくぐっていた。顔をそろえた四人の歴代アメリカ大統領のなかには、ホワイトハウスの現役の住人、ビル・クリントンもいた。大統領専用機《エアフォース・ワン》に乗り込む前にはいったん立ち止まり、フセイン国王は「気高い人物」であるとして、その高潔さは「肩書きではなく、人格に由来する」とたたえていた。イギリスのチャールズ皇太子とトニー・ブレア首相も参列するためにアンマンへ急行し、国連のコフィ・アナン事務総長と日本、フランス、ドイツおよびその他のヨーロッパの主要各国の首脳たちも同様だった。ロシアのボリス・エリツィン大統領は顔色が悪くぼんやりしており、護衛の一団を引き連れて到着したが、体調不良を訴えてすぐに退席した。

もっとも人目を引いたのは中東の会葬者たちだった。一団のなかには意外なゲスト、シリアのハーフェズ・アル＝アサド大統領もいた。国境を挟んで隣国ヨルダンと対立し、たびたびその政府を弱体化させようとし、長年来フセイン国王の不倶戴天の敵だった。その今や老齢となった独裁者は、中東のほかの国々の首長や有力者たちと同席していたが、彼らはさまざまな機会にヨルダンまたはシリアと、あるいはお互いに戦火を交えてきた仲だった。イスラエルのベンヤミン・ネタニヤフ首相は、白くなりかけた髪の上に礼拝用の帽子を載せ、将軍や護衛たち、それにひげを生やしたユダヤ教のラビを含む一行を引き連れ、ドーム型の客殿の一隅を占めていた。パレスチナ解放機構のヤセル・アラファト議長は――大きすぎる軍用コートのせいで、一五八センチの体軀がよけいに小さく見えた――エジプトのホスミ・ムバラク大統領と雑談していた。おそらくこの部屋でいちばん内心穏やかでなかった男、それはハーレド・マシャルだっただろう。パレスチナの武装組織であるハマス〔正式名はイスラーム抵抗運動。イスラーム原理主義の組織で現在もアメリカなどはテロ組織に指定しているが、政党としてパレスチナ暫定政府にも参加している〕の指導者で、イスラエルから何度も暗殺の標的とされてきた。葬儀の二年前にも、今立っているところからわずか数キロのアンマンの路上で、イスラエルのスパイ組織であるモサドの工作員らがマシャルを毒針で刺したことがあった。そのときは激怒したフセイン国王がイスラエルに迫って解毒剤を提供させ、危うく命拾いしたのだった。

黒のスーツに赤いチェックのカフィーヤ〔スカーフのようにかぶるアラブの民族衣装〕という格好で、どことなく居心地悪そうにこれらの人びとを迎えていたのは、参列者たちが今やアブドゥッラー二世国王と呼びかけている男だった。新国王は棺の近くに立ち、子供たちや叔父たちをはじめとする王族らと出迎えの列をつくり、ほとんどが面識のない外国の大統領や大臣たちと握手を交わしていた。まだ正式には国王ではなかったが――正式な就任式はこの日の後刻に議会で行なわれることになっていた――それでもフセイン国王が死去すると、間もなくヨルダンのテレビに出て、国王が交替することを国民に印象づけた。カメラの前に座り、後ろの壁から笑顔の父親の肖像が肩越しに見つめるなかで、紙の原稿を読み上げた。そのときおおかたの国民はアブドゥッラーの声を初めて耳にした。

「これは神の裁定であり、神の思し召しだったのです」とアブドゥッラーは言った[5]。

やがてアブドゥッラーは会葬者の列の先頭に立ち、父親の棺の後について王家の埋葬地へと歩を進めた。両脇は叔父たちや弟たちが固め、後ろからはフセイン国王のお気に入りだった白い雄馬のアムルが無人の鞍を着けてついてきていた。墓地のかたわらに着くと、ヨルダンの最初の二代の国王の墓標の横で、フセイン国王の遺体が棺から取り出されて地面の墓穴へと降ろされていった。遺体を包んでいるのは簡素な白い埋葬布だけだった。

あとは両院の前での正式な就任式を残すだけだった。憲法の規定通り宣誓を済ませると、上院議長がヨルダンの新国王を紹介した。

「神がアブドゥッラー国王陛下をお守りくださり、幸いを与えてくださいますように」と議長は言った。

これで正式に王となったが、どこか実感がわかなかった。儀式を終えて退場しようとしていた新国王のアブドゥッラーは、補佐官から「陛下、こちらでございます」と呼びかけられてはっとした。「習慣で、つい父親の姿を探してしまった」と、アブドゥッラーはのちに回想した。[6]

だが今や国王の地位は彼のもので、この国もそうだった。停滞した経済、党派争いの絶えない政界、宗派間の緊張、そして地域紛争と、そのすべてがアブドゥッラーのものだった。

一瞬にして、並み居る敵も受け継いだ。ある者は身近にいて、彼の地位を虎視眈々とねらっていた。ほかは国外の強国で、独立国たるヨルダンのことを自分たちの地域構想にとって邪魔者だと見ていた。さらに加えて、ヨルダンという名の親欧米路線の世俗主義国家自体に異を唱える過激派宗教組織もあった。一九九九年初頭、ヨルダンのハーシム王家の新たな君主が手探りで玉座に腰を落ち着けようとしている間、それら多くの者たちは、国王が転げ落ちないものかと注視していたのだった。

中東の国家の元首を務めるということは、長生きする望みを完全に放棄することに等しい。とくにヨルダンではそうだ。この国では尋常ならざる危難が国王に降りかかり、それがかえって国王たちを危険な趣味へと走らせるらしいのだ。

フセイン国王は生涯に少なくとも一八回の暗殺未遂を体験した。[7] 十五歳だった一九五一年のある夏の日、祖父——ヨルダンの初代国王アブドゥッラー一世——とエルサレムのアル＝アクサ・モスクを訪れていたとき、パレスチナ人の殺し屋が祖父を撃ち殺した。若き王子はすぐに追跡したが、暗殺者が振り向いて発砲し、弾丸が軍服に付けていたメダルに当たって九死に一生を得た（というのが王宮による説明だ)。その後、敵たちは奇襲、飛行機事故、それに毒入りの点鼻薬まで使って暗殺を試みた。点鼻薬の件では、フセイン国王が誤って容器を落としたところ、泡立つ液体が浴室のクロム製の設備を侵食していくのをぞっとしながら眺めていたという。何度も死を免れ続けた国王はやがて無敵のオーラを発するようになった。フセイン国王はバラカ――アラーの恵み――を与えられているのだと、よくヨルダンの人たちは言ったものだ。だが彼の息子までも同等の恵みにあずかるというのは、あり得そうになかった。

フセイン国王は命をねらう攻撃をものともしなかった。それどころか、危なっかしい趣味への嗜好がますます強まるばかりだった――カーレースに、ヘリコプターやジェット戦闘機の操縦など。あるとき、アメリカのヘンリー・キッシンジャー元国務長官を歓待していたとき、自らヘリを操縦して夫妻を国内見物の旅へ連れ出したことは語り草になっている。胃がひっくり返りそうな空の旅で、ヘリの着陸脚《スキッド》でヤシの木々のてっぺんを吹き飛ばしながら、ヨルダンのなだらかな丘陵地帯を猛スピードで飛んだ。キッシンジャーの回想によれば、夫人はもう少し安全な高度まで上昇してほしいと、国王の機嫌を損ねないように遠回しにこう言った――。

「ヘリコプターがこんなに低く飛べるとは思いませんでしたわ」

「そうですか! もっと低く飛べますよ!」と国王は答えた。そして木々よりも高度を落として地面をかすめて飛んだ。あれには途端に寿命が縮まった、とのちにキッシンジャーは言った。(8)

アブドゥッラーを後継者に決めたとき、フセイン国王は少なくともこうした点では自分に似ている男をリーダーに選んだのだった。もとの皇太子だった国王の弟、ハッサン王子が知性的で慎重だったのに対して、アブドゥッラーは父親同様、気さくな態度と冒険心溢れる肉体派の情熱を併せ持っていた。少年時代、オープンカーを運転する父親の膝に乗せてもらって砂漠地帯へドライブにでかけると、背後に猛然と塵を吹き上げながら、『ポパイ』のテーマソングの旋律に合わせて無人の幹線道路をぶっ飛ばす走りに、アブドゥッラーは歓喜の声を上げた。アドレナリンが噴き出る興奮に取り憑かれたアブドゥッラーは、バイク、レーシングカー、飛行機、そしてスカイダイビングに生涯変わらぬ情熱を抱き続けた。

アメリカで私立学校に通っていたころ、アブドゥッラーはレスリング、陸上競技、それに少年ならではのいたずらに才能を発揮した。そしてイギリスの名門、サンドハースト陸軍士官学校で士官候補生となったときは、歩兵隊の将校の地位のオファーを断り、スピードと火力に惹かれて戦車隊を選んだ。そこでは三〇ミリ砲を備えたフォックスという装甲車の運転が気に入った。戦車に似ているがキャタピラではなく車輪をつけ、小回りが利く。あるとき、フォックスの車列を率いてロンドンのM4高速道を移動中、箱型をしたこの装甲車の全車にあらん限りの馬力をしぼり出させると、やがて飛ぶようにして一般車両を次々と追い越していった。フルスロットルで爆走すること数分、砲塔から覗くとパトロールカーが回転灯を光らせながら猛スピードで並走しているのが見えた。警察官は停止するよう車列に合図し、先頭の車両にいたアブドゥッラーにかぶりを振りながら近づいた。

「こんなことをしでかして、いったいどう報告しろと言うんだ」と警官は言った。[9] 結局、士官候補生たちは注意を受けただけで無罪放免となった。

アブドゥッラー王子の向う見ずな性格は、将来の妃、ラーニア・アル=ヤシンとの交際も危うく台無しにするところだった――それも正式な交際も始める前に。二人がディナーパーティーで初めて会ったとき、おしゃれで美しい二十二歳のラーニアはアップル社のマーケティング担当の社員だった。アブドゥッラーはまさにひと目惚れだったが、ラーニアは彼の誘いに乗ろうとはしなかった。当時、三十三歳のアブドゥッラーは装甲大隊長で、いつ見ても日焼けしていて、遊び人と評判だった。パレスチナ人の中流家庭の娘だったラーニアとしては、彼の女遊びの新たな餌食になるのはさらさらごめんだったのだ、と後年アブドゥッラーは回想録に書いている。

「あなたのことはいろいろ聞いてるわよ」とラーニアは言った。

「たしかに僕は天使じゃない」とアブドゥッラーも認めた。「でも君が聞かされていることの半分はただのつまらん噂話だ[10]」

二人はついにデートをすることにした。それから六カ月後、アブドゥッラーはプロポーズをする勇気を奮い起こし、ヨルダンでもっともお気に入りのスポットへと車で向かった――アブドゥッラーと父親のどちらもがかつて無鉄砲な山登りのカーレースに興じた、ある小さな山の頂だ。「もう少しロマンチックなプロポーズにしたかったのだが」と、アブドゥッラーはのちに認めた。だがこのときは、ラーニアは断らなかった。二人は一九九三年六月十日、出会ってからわずか一〇カ月後に結婚した。

ところが国王アブドゥッラー二世になってからというもの、派手好きな大隊長と向う見ずな冒険野郎を思わせるものは跡形もなく消え去った。何百回となく飛行機から飛び降りたことのあるこの男は、リスクを取り除くべく素早く動いた――少なくとも王として生き延びる上でのリスクとなるものは。まず王家の面々とのぼろぼろになった関係を修復しにかかり、異母弟のハシェム王子に皇太子の座を与えた。フセイン元国王の四番目の妃、国民にも人気のあるアメリカ生まれのヌール王妃の息子である。それでもアブドゥッラーは叔父、義母、そのほかの王族と密接なつながりがあると思われる情報機関の幹部らは解雇または降格処分にした。そしてアブドゥッラーは、王族とまったく関係のない妻ラーニアを王妃とすると宣言した。するとそれを受けてヌール王妃はヨルダンに別れを告げ、国外に居を移した。

危機は国境の向こうにも待ちうけていた。そこで新国王となったアブドゥッラーは、もっとも深刻なリスクから順に対処しようと積極外交に乗り出した。サウジアラビアやペルシャ湾岸の各首長国を訪問し、湾岸戦争当時のヨルダンの中立政策が生んでしまった一〇年近くにおよぶ各国との溝を埋めようとした。喧嘩っ早いことであまりにも有名なイスラエルのネタニヤフ首相に対しては、親睦の昼食会のためにアンマンへ招待した。シリアとの関係改善すら試みた。まずはハーフェズ・アル＝アサド大統領と、この独裁者の死後はその息子のバシャール・アル＝アサドと交友した――アブドゥッラーのように西洋で教育を受け、同じく父親の意外な後継者となった三十代の男だった。

ヨルダンの歴代国王は国内の安定を維持するために、原理主義的な宗教家たちとも長年ぎこちない提携関係を結んできた。彼らの議会参加を認め、相変わらずひどく保守的な部族社会の機嫌を損ねないよう、さまざまな改革は慎重に進めてきた。一九六〇年代から七〇年代にかけて、マルクス主義者や汎アラブ民族主義者らの脅威を退けるために、フセイン国王はイスラーム教の導師《イマーム》たちの力に頼らざるを得なかった。彼らの多くはフセイン国王が一九九四年にイスラエルと和平を結ぶと激怒した。それでも国王は、ヨルダン国内でもっとも影響力のあるイスラーム教組織とはなんとか友好関係を保

つことができた――「国の屋台骨」であるとしてフセイン国王が繰り返し称賛した、ムスリム同胞団である。(11)

アブドゥッラー国王も同じような方針をとることにした。即位から数週間後、アブドゥッラーはムスリム同胞団の首脳たちを丘の上の自邸での非公式な会合に招いた。衣の裾を翻し、ひげを揺らめかしながら宮殿にやって来た騒々しい聖職者らの一団は、著名なイスラーム教活動家らへの虐待に対して苦情を連ねた。それにメディアの検閲や、ひどく時代遅れの選挙法制についても不満を口にした。選挙については、同胞団の候補者たちが議席を獲得するのを妨げるような歪んだ制度だと批判した。アブドゥッラーは礼儀正しく耳を傾け、会合が終わろうとするころ、訪問客たちに思わぬ贈り物を与えた――街頭での抗議活動によって投獄されていたムスリム同胞団の活動家一六人を、政府が即座に釈放するというのだ。訪問客たちはすっかり魅了されたらしく、のちに報道陣らに対し、新国王はイスラーム主義者らの友人だと語った。

「陛下、われわれはあなたとともにいます、あなたを信頼する一つのチームとして、一体となって」と、同胞団のリーダーはアブドゥッラーに言った。(12)

これで一件落着となれば話は簡単だ。ときには王家に対して棘のある言葉を投げつけるものの、ムスリム同胞団は事実上ヨルダンの既成支配層《エスタブリッシュメント》の一部だった。だがほかのイスラーム主義者らは、ひと握りの拘禁者たちを釈放したり、選挙制度改革の曖昧な約束ぐらいで態度を変えることはなかった。イスラーム主義者らは国の運営に口を出す権利を求めていたのだ――ヨルダンをどこへ導くのか、彼らの間でも意見が割れていたとしても。

アブドゥッラーも譲歩する気はあった、ある程度までは。ヨルダンを真の立憲君主国にしたいのだと、この若き国王はすでに何度かのインタビューで意思を表明していた。名目上は国王が元首となるが、国民の代議員たちによって国会で選ばれた首相が統治する、と。だがアブドゥッラーの顧問たちは改革には時間をかけるべきだとして譲らなかった。民主的な伝統の乏しいヨルダンのような国では、過剰な変化を過剰に急いては不測の事態になりかねないと、彼らは言い張った。イスラーム主義者らはすでに多くの支持者らを従えているし、彼らはよく組織され、意欲に満ち、資金も豊富だった。選挙となれば彼らは簡単に勝利を得るだろう。そうなればヨルダンの未来をイスラーム主義者らの手に渡すことになる——その指導層の中に、ムスリム同胞団が掲げるものとは根本的に異なったこの国の将来像を思い描く連中を含む勢力の手に。

頭にターバンを巻いてアブドゥッラーと一緒にテーブルを囲むような男たちなら、話せば通じる。しかしヨルダンや周辺地域には（西洋式の）道理など歯牙にもかけない連中もいる。そういう連中とは戦うしかないのだった。

これまでのイスラーム主義過激派との闘争により、ヨルダンはすでにいくつもの深い傷跡を残していた。それは王国の草創期にまでさかのぼる。この国はムスリムを分裂させて脆弱にしておくための列国の植民地主義的な企てだとして、ヨルダンという国の存在自体が呪わしいと見る者たちもいた。彼らの見方によれば、九〇〇年にわたり聖なるメッカの支配者であり続けてきたヨルダン王家のハーシム一族は、このムスリムへの裏切り行為に一役買ってきたというのだ。

たしかに二十世紀までヨルダンという名の国も、ヨルダン人という国民も、存在しなかった。何千年もの間、ヨルダン川の東の荒野はイスラーム帝国、つまりカリフ制国家の一部だったのであり、そうした帝国はときには北アフリカからバルカン半島にまで及び、アラビア半島とレヴァント地方〔地中海東部沿岸地方の呼称で、ほぼ現在のシリア、レバノン、イスラエルおよびパレスチナ、そしてイラクとヨルダンの一部に当たる〕の全域を含んでいた。初期のカリフたちは預言者ムハンマドの後継者と見られていたが、ダマスカスとバグダードを支配の拠点とした。やがてオスマン・トルコに取って代わられたが、オスマン・トルコはイスラーム帝国をさらに押し広げ、イスタンブールの強力な歴代スルタンの監督のもとでオスマン・カリフ帝国を確立した。トルコ人の征服者たちはメッカに限定的な自治を認め、十世紀にまでさかのぼる伝統によって、ハーシム家はこの都市の聖地を管理し続けることができた。そして二十世紀、その野心と大胆不敵さで一族の運命を変え、中東の国境線を描き直させることになる一人の男がハーシム家に現れた。

シャリーフ・フサイン・イブン・アリーは、メッカの第七八代指導者《アミール》で、ヨルダンのフセイン元国王の曾祖父でもある。オスマン帝国が崩壊へと突き進んでいるさなかに権力の座に就いた。第一次世界大戦が勃発して間もなく、オスマン帝国がドイツ側につくと、シャリーフ・フサインはアラブ独立のための反乱を起こすことをめざしてイギリスと密かに交渉を始めた。一九一六年、将来的に新たなアラブ=イスラーム国家を承認してもらうとの約束と引き換えに、イギリスおよび連合国側の対トルコ反攻作戦に協力することにシャリーフ・フサインは同意した。シャリーフの息子のうちの四人――アリー、ファイサル、アブドゥッラー、ザイド――は、いわゆる「アラブの蜂起」でアラブ人部隊を指揮し、のちに歴史家や映画人たちのおかげで「アラビアのロレンス」として不朽の名声を得ることになる英国陸軍士官、トマス・エドワード・ロレンスと肩を並べて戦うこともあった。

アラブ人たちは勝利した。だがシャリーフ・フサインに対するイギリスの約束は紛争が終結する前に早くも反故にされた。イギリスとフランスは一九一六年の密約、サイクス＝ピコ協定によって、占領したオスマン帝国の領土をそれぞれの保護領として分け合うことにしていたのだ。戦後、イラクやシリアの両王国を含めたまったく新しい国々を生むかたちで国境線が描き直され、地中海とヨルダン川に挟まれた細長い地域にはユダヤ人の国が誕生した。のちのイスラエルである。

ヨルダン川の東側、ベドウィンの部族が暮らす広大な砂漠地帯に、イギリスはシャリーフ・フサインの三男、アブドゥッラー一世のために領土を切り分けた。メッカのシャリーフ・フサイン太守に対し、約束を守るそぶりをわずかながら見せたわけだが、イギリスがこしらえたトランス・ヨルダン首長国――のちのヨルダン・ハシミテ王国――は、まっとうな国家と呼ぶにはいくつか欠けているものがあった。こんな国はまず歴史的な根拠がなかったし、この地域に散在して暮らす部族たちに共通する国民意識などというものは微塵もなかった。この新たな国家には、原油や天然ガス、鉱業を興せるような鉱物、それに農業に欠かせない水といった重要な資源が欠乏していた。首長となったアブドゥッラーさえもが外国からのいわば輸入品だった。当時の多くの政治評論家たちの予測では、独立国としてのトランス・ヨルダンは早晩崩壊し、近隣の大国のどれかに併呑されてしまうだろうと見られていた。

まずは一九二〇年代に深刻な脅威にさらされた。イフワーンの大群〔アラビア半島中央部に一時勢力を持ったイスラーム教スンナ派の武装遊牧民〕がヨルダンに侵攻してきたが、結局はサウジアラビアの介入によって駆逐された。続いて一九六〇年代末、今度はパレスチナ・ゲリラがヨルダンの主権を脅かした。三〇年に及ぶ戦乱によって、ヨルダンには四〇万人のパレスチナ人の移民や難民が押し寄せ、その中から寄せ集められた武装グループらがヨルダン軍を襲撃し、フセイン国王の暗殺を繰り返し試みた。フセイン国王は「黒い九月」として知られるようになる作戦を展開し、パレスチナ武装勢力を何千人も殺害し、さらに多くをシリアやレバノンに追い出した。激しい衝突はパレスチナ人が大部分を占めるザルカの町にも及んだ。のちにザルカウィと呼ばれることになる男は当時、この町に住む四歳の少年だった。

一九八〇年代に脅威となったのは種々の地域紛争で、ヨルダンの比較的落ち着いた国境を越えて波及してくる恐れがあった。第一次インティファーダ（蜂起の意）では〔一九八七年に勃発したパレスチナ人らによる対イスラエル抵抗運動。二〇〇〇年のものを第二次と呼ぶ〕、何千人というパレスチナ人の若者たちがイスラエル軍と衝突したし、一方でヨルダン人の青年たちはアフガニスタンでソ連軍と戦うために、何百人という規模で志願兵となった。そのなかには軍事的スキルや新たな思想を抱いてヨルダンの村々や難民キャンプへ戻ってくる者たちもいた。何人かはザルカウィのように組織を立ち上げ、彼らの目から見たイスラーム教の敵どもといかに闘争を続けるか、模索しはじめた。

それでもそうした過激分子は少数しかおらず、まとまりがないことは周知の事実だった。ほかのアラブ諸国の首脳らと同様に、ヨルダンの歴代国王たちも強大かつ情け容赦のない諜報網を築き上げ、過激派を抑えつけることで脅威を封じ込めようとした。同時に、比較的穏健なイスラーム主義者らには、特権的地位や一定程度の政治的自由を与えて抱き込んだ。歴代国王と同じようにアブドゥッラー二世国王も、ヨルダン国内の穏健な反体制派としてのムスリム同胞団の役回りを支持した。そして同じく歴代国王たちのように、ムスリム同胞団との非公式な連携をより強固にする方法を模索し、同胞団の指導者層を政治的に利するような恩恵を与えたり譲歩を示したりすることで、王家への忠誠を確保しようとした。

一九九九年三月、フセイン元国王の四〇日間の公式の喪が明けるというとき、まさにそんな姿勢を示すチャンスが訪れた。ヨルダン建国以来の伝統では、新国王は国内の囚人たちに対して大赦を宣言し、暴力犯罪以外の囚人や政治犯らに王が恩赦を与えることになっていた。これはイスラーム主義者からヨルダン川東岸の強大な諸部族に至るまでの重要な政治勢力に対し、過去を清算してポイントを稼ぐ手段だった。最大限の政治的効果を得るために、国会議員らは釈放する価値のある囚人たちの候補を挙げ、かつ大赦の法的な詳細を詰めるという課題を与えられた。すると候補者名簿にはあっという間に五〇〇人の名が挙がり、続いて一〇〇〇人に、さらには二〇〇〇人に膨れ上がった。それでも議員たちはまだまだ追加を求めていた。

候補者選びは議会を超えて論議の的となった。新たな法律に基づき、暴力犯罪やテロ行為で有罪となった者は除外されていたが、徴兵忌避者や、イスラエルに対する攻撃を企てた者らを何十人と釈放することを望む議員たちもいた。ほかにもいわゆる「アラブ系アフガン人」、つまりアフガニスタンでソ連に対する聖なる戦いに参加した元戦士らで、帰国後にイスラーム主義過激派の集団を組織した連中だが、彼らを赦すべきだと要求する者もいた。

交渉が長引くなか、ヨルダンの弁護士協会会長のサレーフ・アルムティは、「ヨルダンは歴史の新たな段階の入り口に立っているのであり、それはつまりとくに政治的抑留者らに対し、政府が新たなページを記すべきことを意味している」と、『ヨルダン・タイムズ』紙の取材に対して述べた。[13] だがヨルダンの取締機関の幹部らのなかには悲劇を予見する者もいた。

「ほとんどの連中が再犯に及ぶだろうし、われわれは彼らと何度も何度も顔を合わせることになるはずだ」と、ある警察幹部は同紙に不平を述べた。「ほとんどがごろつきで、釈放されればさっそく他人に危害を加えるような連中なのだ」と。

最終的に、実に二五〇〇人を超える名を載せたリストが議会で承認され、最終決済のために王宮へ回送された。新たな職に就任してまだわずか六週間、議会と部族社会と王族との三方面に地雷が潜む政界の迷宮を手探りで進んでいた新国王は、名簿を採用するか、さらに何週間にも及ぶ議論のために差し戻すか、選択を迫られていた。

国王は署名した。

名簿にはアル゠ジャフル刑務所の特定の「アラブ系アフガン人」も含まれていたが、イスラーム教信仰の浄化に対する彼らのイフワーン並みの熱意は、それだけで本来ならば即座に却下される理由となるべきだった。だがアブドゥッラーがそれを知るのは何カ月も後のことになる。[14] そのころには、アフマド・ファディル・ハライレーという無名の聖戦主義者《ジハーディスト》はアブー・ムサブ・ザルカウィというテロリストになっていた。そしてヨルダンの国王としては、苛立ってみてもまったく不毛な怒りの矛先を側近たちに向け、叱り飛ばすことしかできなかった。

国王は怒鳴りつけた――「どうして誰もチェックしなかったんだ?」と。[15]

一九九九年三月二十九日の晩、囚人護送車の車列がアル＝ジャフル刑務所に到着した。国王の恩赦で釈放されるイスラーム主義過激派の囚人たちの第一陣を迎えるためだった。国家は囚人たちを、逮捕された現場の都市まで送り届けることを法的に義務づけられている。だからザルカウィとその師のマクディシはアンマン行きの護送車に乗り込んだ。持ち物はわずかな私物と押印されたばかりの釈放の証明書類。この書類は彼らに自由な市民としての権利を回復させ、普通のヨルダン国民とまったく変わらず働き、人を訪問し、交際し、移動することができるようにするものだった。アンマン行きの護送車の運転手は日没を待ち、やがてゆっくりと正門を抜けた。護衛やマシンガンの銃座の間を通過し、敷地内の道路沿いの乾ききって枝を垂れたヤシの並木を過ぎ、ついに首都へと向かう高速道路の荒れたアスファルト道へと車両を進めた。二人は五年ぶりに自由の身となった。

だが完全に自由なわけではなかった。二人にはそれぞれ疎遠となっている妻子がいた。二人が獄中にある間は親戚からの施しなどでなんとか暮らしてきた家族だ。二人に対しては監視も続けられ、ヨルダンの秘密警察から嫌がらせすら受けた。そして程度の差こそあれ、どちらも獄中で築き上げたイスラーム主義過激派の仲間たちとの結びつきがあった。

マクディシの場合、ほかの囚人たちとの距離はアル＝ジャフルに入獄している間を通じて次第に大きくなっていった。釈放の日が近づくにつれ、マクディシは家庭と執筆活動に戻るつもりだと口にするようになった。ふたたび監獄行きになるような犯罪を注意深く避けつつ、読者をイスラーム世界全域に広げたいのだ、と。

一方、ザルカウィは二つの家族の間で揺れていた――ザルカに暮らしている家族と、獄中の仲間たちだ。アル＝ジャフルの兄弟たちはもっぱらザルカウィに忠実で、どこへでも喜んでついていくような男たちの一団だった。それがこの恩赦によって、急に先行きが怪しくなってきていたのだ。

ザルカウィらがアンマンへ向けて出発した晩、刑務所付きのサブハ医師は不在だった。恩赦でこれほど多くの囚人たちが釈放されれば仕事はぐっと減るはずだ。そして刑務所職員たちの間では、施設全体が間もなく永久に閉鎖されるとの噂でもちきりだった。ザルカウィの釈放の翌日、サブハは勤務時間よりも早めに刑務所に着き、コーヒー一杯と最新情報を求めて所長室に立ち寄った。所長のイブラヒム大佐は妙な表情を浮かべてサブハとあいさつを交わした。

「われらが友が戻ってきたぞ」と、所長は言った。(16)

所長は中庭を抜けて、イスラーム主義過激派らの監房へとサブハを連れて行った。今や暴力犯罪のために恩赦の対象外となったひと握りの囚人たちしかいなかった。近づいていくと、入り口にひげ面の男が立っていて、鉄格子を挟んで囚人たちと話しているのが見えた。ザルカウィだった。

「今朝五時半から来ているんだ」と、所長は言った。

ザルカウィははるばるアンマンへと戻ると、ザルカに住む母親を訪ねて数時間過ごし、それからふたたびもと来た道を友人の車で夜通し走り、夜明け前にアル＝ジャフルに到着したのだった。そしてこうして今、嫌悪すべき監獄に戻り、部隊の士気を確かめる野戦指揮官のごとく囚人たちの様子を見てやっていた。

サブハは一瞬目を疑った。

「これぞリーダーだという姿でした」と、サブハはのちに語った。

「彼のことはきっとこれからも耳にするに違いないと、あの瞬間に確信しました」と、サブハは言う。「この男の運命は二つに一つしかないと思いました。名を轟かすことになるか、さもなくば死だと」

3 「厄介者は必ず戻ってくる」

ふたたび自由の身となった半年後、ザルカウィはヨルダンと決別する計画を胸に、アンマンのクイーンアリア国際空港の出発ラウンジに足を踏み入れた。手には発給されたばかりの旅券番号Z393834番のパスポート。それにはパキスタンの入国ビザが押印され、ヨルダンを出国する理由として、もっともらしい架空のストーリーも用意していた——古参兵で前科者のザルカウィははちみつを商うビジネスで再出発する、というものだ。

ザルカウィは五十五歳の母親、ダラー・ハライレーを連れて行くことを思い立った。養蜂業のビジネス・パートナーを探しに行く一介のベンチャー起業家になりすますには、もってこいの「小道具」だ。だが妻と三人の子供がいないのが目についた。ザルカウィの真の目的地は年若き妻子たちが暮らせるような場所ではないのだ。それに、ザルカウィは現地に落ち着いたら二人目の妻を娶るつもりだった。

しかし空港でヨルダンの情報機関、総合情報部《ムハーバラート》の出迎えを受けようとはザルカウィも思ってもいなかった。

出発ゲートに近づくと、ダークスーツの大柄な男数人がザルカウィの肩をつかみ、憤慨して苦情を並べ立てる母親をよそに、すばやく脇の一室に連れ込んだ。それからほどなくして、ザルカウィはムハーバラートの本部で怒りをかみ殺していた。

「おれは何もしてないぞ！　どうして邪魔したんだ？」と、ザルカウィは抗議した。[1]

向かい側に座っている男は、これまでにも何度となくザルカウィを尋問し、ザルカウィが答えそうなことは本人に代わって言ってやれるほどなじみの人物だった。ムハーバラートのテロ対策部門で一五年目の情報部員、アブー・ハイサム大尉は、何週間も前からザルカウィの出国計画を追跡し、出国前にちょっと「おしゃべり」する機会を設けたのだった。アブー・ハイサムはザルカウィには感心しなかった。頭に血が上りやすい、おなじみのタイプのイスラーム主義過激派にすぎず、ほかの連中よりも人騒がせで攻撃的だが、桁違いの危険人物になれるほどの知的な面や組織をまとめる才能といったものに欠けている――アブー・ハイサムはそう見ていた。しかしともかく今、ザルカウィは明らかにでっち上げのストーリーを使ってヨルダンから出国しようとしていた。いったい何をたくらんでいるのか？

ザルカウィは少なくとも一つの点では正しかった――犯罪行為は犯していない。少なくとも母親や大勢の旅客の目の前でひと悶着を起こすほどのことは。だがムハーバラートは、ザルカウィがこっそり逃げ出すのをそう簡単に見逃すつもりはなかった。監獄暮らしはかえってザルカウィの信念を頑固なものにしていたし、共謀者になり得る人脈も広がっていた。そして今、パキスタンのペシャワール行きの航空券を手にしていたのだ。ペシャワールといえばヒンドゥークシュ山脈への玄関口であり、山地を越えればアフガニスタンも目と鼻の先だ。そのアフガニスタンにはウサマ・ビン・ラディンがいた。そのサウジアラビア出身のテロリストは、一九九八年にアフリカの二カ所でアメリカ大使館を爆破し、アメリカに対する戦争を宣言していた。

アブー・ハイサム大尉はまだザルカウィの真の計画を見抜けずにいた。だが、パキスタン北西部の山岳地帯で養蜂に励むつもりなどないことだけは確かだった。もしザルカウィがテロリストたちと手を組めば、ヨルダンにも影を落とすことになる。

「あとはそっちでよろしくやってくれと、外国任せにするわけにはいかないんだ。遅かれ早かれ、ああいう厄介者は必ず戻ってくるからな」と、アブー・ハイサムは同僚たちに説いて聞かせた。

法的には、アブー・ハイサムはザルカウィを三日間拘留することができた。その間にムハーバラートの情報部員たちはザルカウィの所持品を検査し、親類縁者を質問攻めにする。だが実際には、ムハーバラートは好きなだけザルカウィを拘束しておくことができた。本部の尋問室で懸命に怒りをこらえていたザルカウィも、そんなことは百も承知だった。だがアブー・ハイサムはそれでもはっきり言ってやることにした。

「おまえが何をしようとしているのか、われわれは治安機関の務めとして、知らずに済ますわけにはいかないのだ」

ザルカウィは昔からひと筋縄でいくタイプではなかった。まだ本名のアフマド・ファディル・ハライレーを名乗っていたザルカウィとアブー・ハイサムが初めて遭遇したときも、壮絶なバトルとなり、危うく死人が出るところだった。

一九九四年三月二十九日、アブー・ハイサムは一四人の重武装した情報部員のチームの一員として、ザルカウィが滞在していたアパートを襲撃した。ムハーバラートは当時、重大なテロ計画とおぼしき動きにつながる、アフガン戦争の古参兵たちの小グループを追い詰めようとしていた。その集団のメンバーたちは、いずれも急進的な説教者のアブー・ムハンマド・マクディィシと関係があった。そして地雷や対戦車ロケット弾を入手し、ヨルダンとの国境の検問所の一つでイスラエル兵を襲撃する準備を進めていた。ザルカウィは面が割れているリーダーの一人だったが、当時は二十七歳のアフガニスタン帰りの古参兵で、ビデオ店の店員として働くかたわら、時間があればさまざまなイスラーム主義過激派の小集団と密かに会合を重ねていた。小グループのメンバーたちが次々とムハーバラートの拘置所へと消えていくなか、ザルカウィは自宅からアパートへ移り、国外脱出を画策していた。アブー・ハイサムと同僚たちが建物の裏の路地に集まり襲撃に備えたのは、その逃亡計画が最後の詰めに入ろうという時期のことだった。

情報部員らは終日アパートを監視してザルカウィの帰宅を待ち受け、さらに消灯後も何時間も待機した。そして午前一時、家主から手に入れた鍵を使い、安全錠をそっと外し、忍び足で階段を上っていった。奥の部屋で発見したとき、ザルカウィは熟睡していた。

情報部員らがベッドの足元に忍び寄ったそのとき、ザルカウィがいきなり起き上がった。そして闖入者らに悪態をつくと、何かを取り出すかのように枕の下に手を突っ込んだ。

「銃だ！」襲撃部隊の一人が叫んだ[2]。

複数の男たちが壁のようにザルカウィの上にのしかかり、動きを制しようとする一方で、襲撃部隊の別の一員がザルカウィの手から武器を奪い取った。そのとき、部隊の一人がカーテンの後ろの妙な動きに気づいた。とっさに飛びかかり、そこにいた第二の男に組みついた。隊員たちにとっては幸運なことに、隠れていたこのエジプト人の男は丸腰だった。

「屋内にもう一人いることは知らなかった。裏に窓もないのにカーテンが揺れていたから、偶然見つけることができたのだ」と、のちにアブー・ハイサムは語った。

情報部員らは実弾入りの弾倉三個とM15自動拳銃を押収し、悪態をつき続ける容疑者二人をバンの車内に放り込んだ。ザルカウィはもつれた髪をふり乱し、寝間着は破れ、袖の下から刺青を覗かせて、後部座席から部員たちをにらみつけていた――そのときになっても「殺気立っていた」と、襲撃部隊のひとりはのちにその様子を語った。

「やつは怒っていましたよ。『おまえたちはカーフィルだ、不信心者だ』と、ひたすら大声で罵っていました」と、その情報部員は回想した。

あとは例によってムハーバラートの要塞のような本部で尋問というわけだった。容疑者たちの様子を見つめていた人物の一人にサミヒ・バティヒがいた。人の世の機微に通じた銀髪の副長官。煌々と明かりのついた狭苦しい尋問室で、部下たちが入れ替わり立ち代わりして、容疑者を追い詰めようとしている様子をバティヒは見ていた。だがザルカウィはまったく動じていなかったと、バティヒは回想する。

「やつはただひたすらイデオロギーをしゃべくりまくっていました。頭の中はそれでいっぱいだったのです」とバティヒは言う。[3]

バティヒは間もなくムハーバラートの長官に任命されることになるが、そのころ、イスラーム主義を掲げるムジャヒディーンの部隊で戦ったヨルダン人たちが続々とアフガニスタンから帰国してくるのを、不安を募らせながら注視していた。当初は、アフガニスタンでの従軍に志願するヨルダン人たちは「共産主義者らと戦う善玉」だったと、バティヒは回想する。それは米英、そしてサウジアラビアといった重要な同盟諸国とのイデオロギー的にも一致する、緊密な連携の一部だった。それが今、彼らは激しく異なる考え方を抱いた古参兵として帰国しつつあった。それどころか、しゃべり方や服装までもが異質になっていた。ザルカウィもそんな連中と同じような外見やしゃべり方をしていたが、バティヒの目には、檻に入れられた獰猛な生きもののように見えた。青年時代のザルカウィが質《たち》の悪い喧嘩好きで、けちな軽犯罪者だったことは誰もが知るとおりだった。それが今、ザルカウィの人格の二つの側面が一つに融合してしまったのではないかと、バティヒには思えた――ギャング野郎と狂信者だ。

バティヒは言う――「かつての人物像とは合致しませんでした。飲んだくれのごろつきだった男です。心配した家族はいろいろな宗教組織を紹介し、まっすぐな人間にしてやろうとしました。ところが、まっすぐになりすぎたとでも言うべきでしょうか。ふたを開けてみれば、二つの世界の最悪の部分を併せ持つことになってしまったのです」。

実はムハーバラートはザルカウィが投獄される以前から、この男についてかなりのことを知っていた。分厚い警察の調書と無数の協力者たちからの情報の隙間を、ムハーバラートの情報部員たちは難なく埋めていった。

記録によれば、アフマド・ファディル・ハライレーは問題児として育った。(4) 暴力行為から麻薬と酒へ、そしてさらに重大な犯罪へと、転落の道をたどった。生まれたのは一九六六年十月三十日、両親はヨルダン人の労働者階級。父親はザルカ市役所の公務員で、信心深い母親からは七人の姉妹と二人の兄たちにも増して溺愛された。一家の質素な二階建ての家は、ザルカの労働者層の死者たちが眠る大きな墓地を見下ろす丘の上にあった。雑草と野良猫ばかりが目につく墓地は荒れ放題で、死者の名が手書きされた数千もの崩れかけた墓石が斜面に散在している。それでもこの界隈では公園代わりにもなっていた。将来ザルカウィと名乗ることになった男も、少年時代にはここで時間を忘れて遊びに興じた。やがて十代になり、非行と犯罪に手を染め始めた場所もここだった。

ハライレー家といえば、ヨルダン川東岸のバニー・ハッサーンという有力な名家に連なる家系だ。ヨルダンのような根深い部族社会で人脈や仕事を見つけるには、それなりに有利な出自となる。だがザルカウィはチャンスというチャンスを無駄にした。高校では平均以上の成績で、テストの点数からは芸術方面の才能の片鱗を見せたものの、中退してしまった。二年間の徴兵期間はすんなり終えたが、父親が世話してくれた市内の仕事をクビになった。犯罪歴は十二歳から始まる——近所の少年と喧嘩をして切りつけたのだ。あとはポン引き、麻薬取引、強姦へとエスカレートした。十代後半になるころには刺青を入れ、拳や刃物で敵や被害者を虐待する酒浸りのごろつきとして知られるようになった。性的な面では――警察官や当時を知る人たちの話によれば――年下の青年たちを強引に辱め、誰が上かを見せつけることが男としての勝利だと思っていたという。

二十一歳で従妹のインティサルと結婚し、すぐに娘が生まれた。それでもザルカウィの最愛の人は相変わらず母親だった。[5] そのダラー・ハライレーは問題児の末息子のことで苦悩したが、根は善良だと信じて決して疑わず、やがてひとかどの人物になるとの確信は揺らがなかった。それでも息子の知的な面での限界はよくわかっていた。何年ものちに、ザルカウィが有能なテロ組織の司令官かつ爆弾職人だと伝え聞いたジャーナリストたちが自宅に取材にやってくると、母親は心底面白がっている風だった。

「それほど賢いほうではありませんでしたよ」と、彼女はあるアメリカ人の記者に語った。[6] そして、息子はたしかに「献身的なムスリム」ではあるが、聖戦《ジハード》に加わるという判断は、地元でまともな仕事にありつけなかった青年にとって唯一の選択肢だったのだと説明した。

「私の息子は善良な男、普通の男で、不公正の犠牲者なんです」と彼女は言った。

ザルカウィがイスラーム主義者らの仲間に加わる前、背中を押す形になったのは母親だった。彼女はザルカウィを地元のアル＝フサイン・ベン・アリ・モスクの宗教講座に入門させたのだ。神学論議を交わし、アフガニスタンで戦っている聖戦の戦士たちのために熱心に募金活動をするなど、イスラーム教の導師《イマーム》たちや敬虔な若者たちをよいお手本にしてほしいと願ってのことだった。するとザルカウィは、かつてはもっぱら犯罪行為に注いでいた情熱のすべてをイスラーム教の世界に注いで没頭し、周囲を驚かせた。禁酒を誓い、コーランに関する議論の席や金曜の礼拝の常連になった。アフガニスタン、ボスニア、チェチェンなどで展開されている宗派間戦争のプロパガンダ・ビデオやカセットテープを貪るように視聴した。そして地元のモスクのイマームの呼びかけで、アフガニスタンのムスリムたちを弾圧している共産主義者らと戦う志願兵が募集されると、ザルカウィは即座に手を挙げた。

一九八九年春、ザルカウィはアフガニスタンとパキスタンの国境に到着した。つい何週間か前にソ連軍の最後の部隊が撤退した後だった。だが取り残されたソ連寄りのアフガニスタン政府に対し、イスラーム主義勢力が攻勢をかけるのにはなんとか間に合った。当時ザルカウィを空港で出迎えた古参兵のひとりは、熱意はあるが、どこか自意識過剰な感じのする筋張った青年の姿を覚えていた。ザルカウィは口数が少なかったが、それは十分な教育を受けておらず、コーランもよくわかっていないことが露見してしまうのを恐れて気後れしているからだと、あるときわけを話したという。すでに暑い季節だったが、刺青を隠すために長袖の服しか着ようとしなかった。

「みんなやつの正体は知っていました。ザルカの悪名高いごろつきだったとね」と、フダイファ・アッザムは言う。(7) アフガン戦争でザルカウィの戦友だったフダイファは、有力なパレスチナ人聖職者で世界的なジハード運動の生みの親として知られるアブドゥッラー・アッザムの息子だ〔アブドゥッラー・アッザムはアフガン戦争でアラブ人戦士らの支援者として影響力を発揮し、ウサマ・ビン・ラディンの師としても有名。パキスタンで何者かに爆殺された〕。「そんなザルカウィは宗教の世界を見出して、刺青が恥ずかしくて仕方なかったのです。気まずそうに両手を隠そうとしていましたよ」とフダイファは言う。

ザルカウィの最初の任務はジハーディストの雑誌に記事を書くことだった。聖戦の戦士《ムジャヒディーン》の戦場での活躍を描くのだが、まともに学校に行っていない青年にとってはきつかった。最初に友人になったひとりがサレー・アル＝ハミで、同じ記者仲間だったが地雷を踏んで片足を失った。ザルカウィはこの同僚の療養中、病床に付きっきりで何時間も過ごしたものだった。この男の信仰心に感化されるあまり、ザルカウィは姉妹の一人をパキスタンへ寄こして結婚させたほどだ。この新たな義理の兄弟はやがてヨルダンへ移り、ザルカウィを称讃してやまない伝記作者となる。ハミが覚えている若きザルカウィはひどく情緒的で、コーランを読むたびにすぐに泣き出した。アラブ人の戦士たちはそれほど露骨な感情の発露は避けるのが常だったが、このヨルダン人の青年だけは違ったのだ。

「ザルカウィは祈りの言葉を唱えるたびに泣いていた。祈りの先導役をしているときすらも」と、ハミは書いている。[8]

訓練の合間に、ザルカウィはパキスタンのペシャワールをぶらつき、アラブ人戦士たちになじみの地元のモスクを訪ねることもあった。何年ものちに、このモスクのイマームは熱心な若きヨルダン人の姿をまだ鮮明に覚えていた。彼は過去の罪にこだわっていたようだという。ある日、このイマームがイスラーム教でもっとも神聖なるメッカに行く予定だと話すと、ザルカウィは一つお願いがあると言ってきた。

「巡礼に行かれるのでしたら、その道すがら、アブー・ムサブをお許し下さるようにと神に祈ってください」と、若きザルカウィは言った。

ザルカウィが初めて実戦を体験したのは一九九一年、アフガニスタン東部のパクティアとホーストの両州で、政府が支配する町にムジャヒディーンの反政府ゲリラ部隊が攻勢をかけたときだった。ザルカウィは夢中で戦った。そして蛮勇とも言うべき果敢さで評判になったのを戦友たちは覚えていた。フダイファ・アッザムによれば、あるときなどはアフガニスタン東部のガルデズの町で戦闘中、ザルカウィはたった一人で政府軍の十数人の縦隊の進撃を食い止め、部隊の仲間が退却する時間を稼いだという。

「桁外れに勇敢でしたから、あの男の心臓は初めから止まっているのだと、私はよく言ったものですよ」とアッザムは語る。彼の回想によると、ザルカウィの英雄的な行為は単に危険を冒すといったレベルを超えていた。ときには自ら何かを振り払おうとでもするかのようだったという。

アッザムは言う――「彼がどうやら自分の過去に苦悩しているということに、私ははっとしました。彼はいつも罪の意識と格闘していましたから。だからあんなに勇敢でいられたのでしょう。あいつはよく言ったものです――『おれは過去の行ないのおかげで、シャヒード――殉教者――にならない限り、何をしたってアラーは許してはくださるまい』とね」。

ザルカウィはついに殉教者にはならなかったが、アフガニスタン東部の山岳地帯で、ムジャヒディーン――聖なる戦士たち――の一員と呼ばれるにふさわしい実績は積んだ。一九九三年にアフガニスタンを後にしたとき、ザルカウィは数年の戦闘経験を持つ古参兵となっていた。ザルカウィは、のちにタリバンやウサマ・ビン・ラディンらと組むことになるアフガニスタン人やアラブ人の過激な聖職者たちのもとで学び、戦闘的イスラーム主義思想にどっぷりとつかっていた。正式な戦闘訓練はアブドゥル・ラスル・サイヤフが指揮するキャンプで受けた。アフガニスタン人の反政府ゲリラの司令官で、のちにち二〇〇一年九月十一日のニューヨークとワシントンへのテロ攻撃の首謀者となるハリド・シェイク・モハメドも指導した。

ほかのアフガニスタン人戦士たちと同様に、ザルカウィもまた、ともに戦場で戦った戦友たちとの仲間意識と反政府勢力の予想外の成果という美酒に酔いしれた。アフガニスタン人とイスラーム主義者の志願兵たちのみすぼらしい軍隊がソ連という超大国を屈服させたのだ。神の介在なくして、どうしてこんなことができたというのか？

「神はアフガニスタンのムスリムのムジャヒディーンたちに、不信心者どもに対する勝利を与えたもうたのだ」と、ウサマ・ビン・ラディンの補佐官、サイフ・アル＝アデルはアフガン戦争の戦記の中で断言した。[9] これは古参兵たちの多くも抱いている見解であり、ザルカウィもこれこそ真実であると心底確信していた。

一九九三年、ザルカウィは何百人ものヨルダン人の古参兵らとともに、まったく様変わりしてしまった故国へ帰還した。この四年間、アンマンをはじめとする大都市が発展し、いっそう近代的になったのに比べ、ザルカウィと同僚たちはタリバン支配下のアフガニスタンで古き時代へとタイムスリップしていたのだった。そこはどこからどう見ても、世界から何世紀も後れていたのだ。

故郷に戻ったザルカウィは自らつけたあだ名そのものになった――「よそ者」。地元の市場へ行くだけでも、穏健でおおらかなヨルダンと、アフガニスタンでザルカウィが目にした厳しいイスラーム教の規律の世界との大きなギャップを思い知らされた。不謹慎な服装のヨルダンの女性たち、カフェや映画館で一緒に過ごす未婚のカップルなどについて、ザルカウィは友人たちに不満をぶつけた。かつては自分も足しげく通った酒屋やポルノショップに対しても不平を漏らした。家族にさえ失望させられた――アフガニスタンの女性たちが一般に着用しているブルカ型のヴェール〔ムスリムの女性が用いるヴェールで、ここでは全身を覆うもの〕を身につけることを母親も姉妹も拒み、兄たちは家族がイスラーム教的でない映画やコメディのテレビ番組を見ることを許していた。ザルカウィも時おり見るニュース番組はさらにひどかった――イスラエルとの和平交渉でパレスチナとヨルダン王家がともに前進していると報じていたのだ。多くのイスラーム主義者にとって、ユダヤ人の国家と和平を結ぶなどという考え自体がタブーだった。かつては王家の忠実な支持者だった人たちのなかにも、和平に動いたフサイン王を許そうとしない者もいた。

ザルカウィは普通の暮らしをしてみようと、レンタルビデオ店でハリウッド映画やイスラーム主義のプロパガンダ・ビデオなどを借りてみることもあった。だがどうしても、自分に生きる意味を与えてくれた、たった一つのものに惹かれてしまうのだった。ザルカウィはイスラーム教の黎明期の英雄たちに関する本を読み、とくに十二世紀にダマスカスを拠点に統治した武人の君主、ヌールッディーン・ザンギーに魅了された。(10) ヌールッディーンはヨーロッパから来た十字軍の遠征隊を滅ぼしたことで知られるが、トルコ南部からナイル川に至る広大な地域に散在したイスラーム教の諸王国を、単一のスルタン制国家のもとに統一しようとした。十字軍との戦いでフランス生まれのアンティオキア公〔現在のシリア北部にあったキリスト教系の公国の君主〕を部下が殺害すると、ヌールッディーンはその首を銀の箱に入れて、贈り物としてバグダードのカリフのもとに届けさせた〔スルタンは政治的・世俗権力の君主で、カリフは預言者ムハンマドの「代理人・後継者」としての宗教的権威・首長〕。

何年ものち、ザルカウィは自らをヌールッディーンの生まれ変わりと見るようになり、その軍事戦略を模倣しようとしていく。だがまだこの段階では、ザルカウィはささやかな一歩から始めるつもりだった。まず、アフガニスタンで旧知の仲だった説教者であり学者でもあるマクディシの自宅を探し出し、いきなり顔を出した。のちのマクディシの回想によれば、ザルカウィは「ヨルダンで信仰のために働きたい」と言いに来たのだという。そして手始めにアフガニスタンから戻った古参兵らのためにコーランの学習グループをつくっていき、さらに大胆な企てのための実行部隊の結成へと発展し、二人は長年続くことになる協力関係を築いていったのだった。

「われわれは私の著書を何冊か印刷して人びとに配った。青年たちがわれわれの呼びかけに応えて集まってきて、本やメッセージを広めてくれた」と、マクディシはザルカウィとつき合い始めたころのことをのちに書いている。[11]

二人と同じような不満を抱えた元ムジャヒディーンの闘士たちも、同様のグループをヨルダン中で一斉に結成しはじめていた。そしてなかには酒屋など、欧米文化の悪徳の象徴に対して小規模な攻撃を実行したグループもあった。すると間もなくザルカウィも、宗教的なパンフレットをコピーして配るよりももっと劇的なことをやるべきだと主張し出した。ヨルダンで予定されていた国会議員選挙を妨害する方法を提案し、標的の候補を激しい口調で並べ立ててほかのメンバーたちを当惑させた。

「あいつは何でもすばやくやりたがった」と、一九九三年に何度かザルカウィらの会合に参加したヨルダン人のイスラーム主義者、ムハンマド・アブー・アル＝ムンタシルは回想した。[12]「あいつは自分の野望のすべてを月単位の期間で、あわよくば何時間以内という短期間で実現したいと思っていた」。だからことを急ぐあまり、ザルカウィは「タイミングも場所もわきまえずに、一方的に」間違った判断を下したのだという。

「さらに悲劇的なことに、同志たちの大半がたいていあいつに同意していた」とムンタシルは付け加えた。

一九九四年初頭にはグループの名称も決まった——バイアット・アル＝イマーム、直訳すれば「導師に対する忠誠の誓い」。意外なところから集めたささやかな武器の蓄えもあった。一九九〇年、マクディシはサダム・フセイン指揮下のイラク軍の侵攻を受けたクウェートに暮らしており、イラク軍が撤退後に残していった多少の地雷、手榴弾、ロケット砲などを入手した。それらを戦後、家財道具の中に隠してヨルダンへ引き揚げてきたのだ。一九九四年二月二十五日、マクディシらのグループをついに行動へと駆り立てる事件が起きた。ヨルダン川西岸にあるパレスチナの町ヘブロンのモスクで、礼拝中のムスリムらをユダヤ人過激派が銃撃。成人男性や少年ら二九人を殺害し、何十人もが負傷した。この殺戮に激怒したザルカウィらのグループは、気乗りのしないマクディシから支持を取りつけ、手持ちの武器で国境のイスラエル側検問所に組織的な攻撃をしかけることに決めた。計画では、連続自爆攻撃に続いて小火器で守衛所を襲うことになっていた。

だがザルカウィら一味の企てが成功するはずはなかった。広範な情報提供者のネットワークを持つヨルダンの諜報組織、ムハーバラートが当然ながら計画に気づき、即座につぶしにかかったのだ。アブー・ハイサムのチームが一味を急襲し、三月二十九日、寝床にいたザルカウィの逮捕劇となった。最終的にはザルカウィと一二人のメンバーたちが武器の不法所持とテロ行為の策謀を認めて供述書に署名した。

マクディシはこのグループの裁判を自らの過激思想を開陳する場にしようとし、あるときなどは軍法判事に向かって「おまえが有罪だ！」と叫んでみせた。判決言い渡しの際は、被告らは叫び声を上げて被告人席の鉄格子を叩いて騒ぎ、その間にもマクディシは法廷に対してこう警告を発した――「おまえたちが宣告する刑罰は、われらが宗教に対するわれらが信仰をいよいよ強固にするだけだ！」[13]。

たしかにそうだったかもしれない。だがマクディシとザルカウィがともに一五年の禁固刑を言い渡されただけに、この男たちとその活動は永久に鎮圧されたと見るべきだった。そして仮にこの囚人たちがヨルダンの刑務所の手に余ったとしても、アブー・ハイサムが欧米の訪問者らにしばしば悦に入って指摘したとおり、ムハーバラートには同じ効果をもたらす種々の代替手段があった。「わたしたちの機関は強制的な圧力を用いることも躊躇しません。悪いことが起きるのを防ぐ唯一の方法とあらばね」と、アブー・ハイサムはいつも言うのだった。

一九九九年の春にザルカウィが唐突に赦免されたとき、ムハーバラートは実のところどう対処すべきか決め兼ねていた。半年経ってもまだ考えあぐねていた。ザルカウィがパキスタン行きのエコノミー・クラスの航空券二枚を手に母親と空港に現れたその朝までそうだった。

三日間の拘禁中にザルカウィが拘置所で苛ついている間、ムハーバラートの情報部員たちはザルカウィの所持品の詳細なリストを作り、目的地やどれほどの期間滞在するつもりなのか、手掛かりを探った。バッグの一つから手書きの手紙を見つけ、暗号が隠されていないかすべての行をくまなく精査したが、最終的にはザルカウィの友人からパキスタンの共通の知人に宛てた無害な私信だとの結論に至った。

アブー・ハイサムは同じ質問を、手を変え品を変え、直接ザルカウィにぶつけてみた。ザルカウィは、いずれ家族を養えるくらいに養蜂業が軌道に乗ればパキスタンに落ち着くつもりだと、悪びれずに述べた。

「おれはここで、この国で暮らすことはできない。新しい生活を始めたいのだ」と、ザルカウィはアブー・ハイサムに言った。

ザルカウィがヨルダンで居心地の悪い思いをしていたのも無理はない。第一、刑務所が懐かしかった。過酷な環境ではあったが、アル＝ジャフル刑務所はザルカウィにアイデンティティと仲間を与えてくれた。外の世界では不安と戸惑いを感じるばかりだと、ザルカウィは家族に言っている。

だがザルカウィが感じていたストレスの最大の要因はムハーバラートだった。テロ対策部門の幹部たちは、ザルカウィらイスラーム主義者らが早々に赦免されたことがひどく不満で、ザルカウィとその信奉者たちをひとときたりとも気が抜けないようにしてやろうと、力を注いでいたのだ。

アブー・ハイサムと同僚たちにとってはお手のものだった。実際、テロなど厄介な問題を起こす疑いがある連中の頭の中を見抜くことは、ムハーバラートの多くの得意技のなかでもとくに秀でていた。この情報機関は昔から比較的小規模な組織で、監視技術や工作資金などの面では伝統的にアメリカおよびその他の同盟国が頼りだった。だが情報提供者をつくり出し、スパイ工作を行ない、敵のネットワークに入り込むといった能力にかけては、世界的にも比肩し得る組織はほとんどなかった。草創期には尋問に極端に残忍な肉体的虐待も用いたため、ヨルダン国民の一部の間では、ムハーバラートの恐るべき監獄は「生爪《なまづめ》製造工場」とも呼ばれていた。だがのちには、ムハーバラートの局長らは同じ結果を引き出せるより巧妙なテクニックを採用するようになった。

ザルカウィを常に浮足立たせておくために、ムハーバラートは俗に「迷惑行為」と呼び習わしている戦略を用いた。ムハーバラートの情報部員らがいやがらせのために定期的に自宅を訪れるのだ。深夜などの妙な時間に、二人組の情報部員がザルカウィの自宅に現れ、車に同乗するよう求める。目的はムハーバラートの本部での「おしゃべり」と決まっていて、それはしばしば何時間にも及んだ。このお決まりの儀式の重要なポイントは、情報提供者らが耳にしたり目にしたというザルカウィの発言や行動を、逐一並べ立てることだった。それは、ただ単にムハーバラートがお得意さんたちをいかに厳しく監視しているかを思い知らせるためだった。

ザルカウィが情報部員らの訪問に憤慨していたのは当然だが、従うしかなかった。ある情報部員の回想によれば、晩夏のある日、いつもの「迷惑行為」を実行中、ムハーバラートの黒塗りの車を目にしたとたんにザルカウィの怒りが爆発したという。

「そら、またお出ましだ、ムハーバラートだぜ」と、ザルカウィは近隣に響き渡る大声でありったけの嫌味を込めて叫んだ。訪問者らを玄関で迎えた母親は、黒っぽいスカーフの下でぽっちゃりとした顔を真っ赤にしながら罵詈雑言を並べ立て、ムハーバラートを、政府を、そして問題児の息子さえも糾弾した。「あの子が生まれた日を呪うわ！」と彼女は言った。

ムハーバラートの本部では、幹部らが交代でザルカウィを尋問し、尋問官らはそれぞれのテクニックを持ち寄ってさながらタッグを組んでいるかのようだった。アブー・ハイサムは上司であるアリ・ブルザクと交互にザルカウィの相手をすることもあった。ブルザクは対テロ部門のトップで、敵がもっとも恐れるムハーバラートの職員の一人だった。その手厳しい態度と薄い赤毛の前髪のおかげで、尋問される常連たちからは「赤い悪魔」と呼ばれていた。ザルカウィもこの男を嫌悪した。何年かのち、ヨルダンを立ち去ったザルカウィは、「赤い悪魔」を暗殺せよとの明確な指示を与えて二度も工作員をアンマンに送り込んだ。だがどちらも失敗に終わった。

ザルカウィの件にとくに興味を示したもう一人の幹部級の人物、それはザルカウィとほぼ同年代の若きテロ対策専門家だった。[14] アブー・ムタズはムハーバラートの幹部のなかでは新世代に属していた――大学を卒業し、海外渡航経験も豊富で、イギリスとアメリカの機関で機密情報解析の特別訓練を受けていた。だが同時に、ヨルダンの砂漠地帯の部族の出身でもあり、仕事で相手にするジハーディストや犯罪者の多くと同じ文化が身に沁み込んでいた。短く刈った頭髪、手入れの悪い歯、それに革のコートが世慣れた感じを与えたが、温かい茶色の目と気さくな笑いはすぐに人の心を――イスラーム主義過激派でさえも――つかむ魅力を醸し出した。

ザルカウィが到着するといつも、ムタズはノート一冊とパーラメント・ブランドのタバコをひと箱引っつかみ、非公式の尋問が行なわれる殺風景なオフィスへと向かった。ザルカウィはたいてい小さい机の向かい側に座り、手錠などの拘束具もなしに、氷のような無関心な表情を崩そうとしなかった。ゆったりしたアフガン式の服装と、手入れをしていないまばらな顎ひげのせいで少しみすぼらしく見えると、ムタズは思った。手指の爪はいつ見ても伸び放題で汚く、粗野な作男を思わせた。

ムタズはいつも砂糖をたっぷり入れたハーブ・ティーと菓子を勧め、ザルカウィはたいてい受け取ったが、コーヒーとタバコは受けつけなかった。ザルカウィはコーヒーが嫌いで、厳格なイスラーム主義者としては、喫煙は欧米の悪徳だと考えていた。だがムタズはお構いなしにタバコに火をつけた。

「さて、アフマド、あんたの計画について話してくれ」と、ムタズはザルカウィの本名を使って切り出すのが常だった。

ムタズはやがて、ザルカウィの感情のスイッチを入れて巧みに本心を引き出せるようになった。たいてい宗教や家族のこと、とくにザルカウィのルーツである部族の話題を持ち出すと、ザルカウィが反応を示すことがわかってきた。ヨルダン川東岸の地域社会では、出身部族というアイデンティティはきわめて根深い一大事なのだ。そしてバニー・ハッサーンという部族に連なる出自は、ムハンマドの時代以来の伝統を誇る、この地域の最大かつ最重要な部族の一つにザルカウィを結びつけていた。この地域では部族的な関係が社会的地位を規定し、そこに愛国心、子としての責務、そして家族のプライドといった要素もかかわってくる。部族の長老たちと話をしたらおまえのことを心配していたぞ、といったことをアブー・ムタブはザルカウィとの会話の中に織り交ぜた。するとザルカウィの表情から反抗的な色合いがほんの一瞬だけ消えたが、それでもザルカウィは無言を通すのだった。

「あんたがやっていたことは、あんたの部族を滅ぼしかねないことだ。この国すら滅ぼしてしまうかもしれない」などと、ムタズはよく言ったものだ。

話題が宗教に及ぶとザルカウィは生気を取り戻した。コーランやハディース——つまりコーランには記されていないムハンマドや仲間たちの言行録で、ジハーディストたちが自らの信念を正当化するために重用している——に対する知識をひけらかすのを楽しんでいるようだった。イスラーム主義者らとやり合うのはお手のもののムタズは、暴力をどう考えているのかとザルカウィに訊いたことがある。イスラーム教は無辜《むこ》の者の命を奪うことを禁じているのではないか、と。

背教者らは無辜の民ではない、とザルカウィは反論した。暴力は「ハラールであるばかりか」――つまり許容されているということ――「われわれは不信心者《カーフィル》どもを殺すよう命じられているのだ」とザルカウィは言ってのけた。

しばらくするとザルカウィは会話に飽きて黙り込むのが常だった。ある日、ザルカウィはムタズにこんなことをつぶやいた――「あんたは無法者だったおれを嫌っていた。それが今は敬虔になったというのに、まだおれを嫌っている」。

ザルカウィの主張は耳障りではあったが、イスラーム主義者らのありふれたレトリックを繰り返しているにすぎなかった。むしろムハーバラートの上層部はザルカウィの相棒であるマクディシこそ、真に危険な思想家で煽動者であると見ていた。だからこそムハーバラートはこの後の一五年間ほぼ途切れることなしに、何かと理由を見つけてはマクディシを鉄格子の向こう側に閉じ込めておいたのだ。この点、ザルカウィはマクディシよりもはるかに格が落ちた。だがこの男はいったい何者なのか？ ムハーバラートの専門家たちも首をひねっていた。

ザルカウィの言葉はあたかもイスラーム主義過激派のようだったが、ムハーバラートの徹底的な監視によれば、ザルカウィの振る舞いは矛盾だらけで、信仰に走る以前のかつてのザルカウィの名残をとどめているようだった。ザルカでは、妻以外の女性の家に何時間も入り浸ったかと思うと、そこからイスラーム主義者らの会合や地元のモスクの礼拝に直行したりする。ザルカウィはきわめてつまらない事柄についても嘘を言う癖があり、反証を見せつけられても偽りを押し通そうとすることにムタズは気づいた。ザルカウィのあまりに不可解な態度に、ムハーバラートの幹部らは専属の心理学者を雇い、捜査ファイルを精査させて意見を求めたほどだ。その結果、断定はできなかったものの、ザルカウィが一種の多重人格症である可能性が指摘された。それは根深い不安感と破滅的な罪悪感が、自分は偉大だと信じて疑わない誇大なエゴと格闘している姿だった。

ムタズは言う――「あいつには英雄コンプレックスと罪責コンプレックスがあったのです。ごろつきだったころでさえ、英雄になりたくて、自分は英雄だと思い込んでいた。でもやつをあんなに過激な人間にしたのは罪の意識でした」。

イスラーム主義者の仲間たちのなかにも、ザルカウィの立ち居振る舞いが怪しくなっていくのに気づく者もいた。ある仲間の回想によれば、ザルカウィはアフガニスタン式の服装で、お気に入りのファラフェル〔ヒヨコ豆を使った中東風コロッケ〕の店に行き、誰ともしゃべることなく何時間も座っていることもあったという。「まるでスーフィー、つまり神秘家のような印象を受けた」とその知人は言う。「落ち着いた、敬虔な感じで、じっと座っていた。それにどことなく哀しげに」。そうかと思うとすっかり舞い上がって、かつてのイスラーム主義者の仲間たちとヨルダンか国外で実行部隊を復活させたいのだと、野望を滔々と語り続けることもあった。

ザルカウィとともに一九九四年に逮捕・投獄されたアンマンのイスラーム主義活動家、ムンタシルはこう回想する――「あいつが自宅にやって来て、一緒に新たな一ページを開こう、ともに活動しようと言うんだ。それにひょっとしたらアフガニスタンへ行かないか、と。おれはあいつを客人としてもてなしたが、あいつはナルシシストだったし、ほかにもいろいろと悪癖があったから、どんな形にしろあいつと活動するのは二度とごめんだった」。

仲間たちとのこうしたやりとりは犯罪行為だったわけではない。そしてアブー・ハイサムも空港での一幕の末にザルカウィを拘束してから三日目、それを認めた。アブー・ハイサムが（図らずも最後の機会となった）尋問を行なっていると、ムハーバラートの本部で中途半端な状態で留め置かれていることに対し、ザルカウィが激しく抗議しはじめた。

「何か証拠があるんだったら起訴したらどうなんだ！」とザルカウィは要求した。

「何か証拠があるんだったら起訴してるさ！」とアブー・ハイサムも認めた。

虚心坦懐、これほど率直なやりとりは珍しかった。おまえのような連中はどうしても厳しく監視する必要があるのだと、アブー・ハイサムはザルカウィにあらためて説いた。「個人的な恨みがあるわけではないのだ」と。

「われわれがおまえをどう見ているか、わかってもらわないと困る。おまえは過激派なんだ」とアブー・ハイサムは言った。

「おれがあんたたちをどう見ているかも、わかってもらわないと困る。あんたたちは不信心者なんだ」とザルカウィは言い返した。

翌日、ザルカウィはふたたび母を伴い、パキスタン行きの便に搭乗するために空港へ向かった。今回は邪魔は入らなかったが、ムハーバラートは監視の目を逸らすつもりはなかった。

4 「訓練のときは終わった」

一九九九年十一月三十日、二度の収監歴を持つイスラーム主義過激派の電話を盗聴していたヨルダン捜査当局は、通話の書き起こしの中に不吉な一節を発見した。その怪しげな通話の発信元はアフガニスタンの電話で、相手は暗号を使って何らかの指示を与えているらしかった。「訓練のときは終わった」と、アフガニスタン側の人物は地中海東部沿岸地域《レヴァント》に特有のアクセントのアラビア語で言っていた。(1)

腹立たしいほど曖昧な文言だったが、ともかくそのイスラーム主義過激派の企てを挫くために、総合情報部《ムハーバラート》の首脳部は直ちに動くことにした。そして間もなく、どうやら巨大な事件に出くわしたことがわかってきた。ヨルダン捜査当局はわずか数日で一六人を逮捕。例の電話を受けたハダル・アブー・ホシャルも含まれていた。アフガニスタンで従軍経験を持つパレスチナ人で、複数の過激派組織とつながりのある人物だ。爆弾製造マニュアルや、秘密の地下通路に隠されていた何百キログラムもの化学物質も押収された。容疑者の一人から重大な事実も聞き出した――攻撃予定日(一九九九年の大晦日）や、その攻撃計画の合言葉「間もなく時節到来。遺体袋が山積みとなるだろう」というものも。

数日後、ムハーバラートの長官代理、サアド・ヘイルは、アンマン駐在のＣＩＡの責任者、ロバート・リチャーを夕食に誘った。ヘイルはいつになく不安そうで、酒を数杯飲み干してからやっと情報を打ち明けた。

「ロブ、話しておかねばならないことがあるんだが、おれから聞いたことはおれのボスには言うな。実はおれたちは、ヨルダン国内の複数の標的に対する大規模な攻撃計画を練っている連中を何人か拘束した」と、ムハーバラートのナンバーツーのヘイルは言った。[2]

ヘイルは捜査当局がこの計画を知るに至ったいきさつと、これまでに判明した標的について説明した。第一のターゲットはアンマンの名所、ラディソン・ホテル。大晦日には何百人ものヨルダン人ばかりか、アメリカ人など欧米人も詰めかけていることは間違いない。そして共謀者らを全員拘束できたと確信できるまで、ムハーバラートの最高幹部たちはアメリカ側には話さないことに決めているのだと、ヘイルは伝えた。

リチャーは話を遮った。

「サアド、おれはこの情報を寝かせておくわけにはいかない。君のボスに会って、情報を出してもらわねば」と、リチャーはヘイルに言った。

元海兵隊員のリチャーは、ヨルダンに駐在するＣＩＡ課報部員のトップとして二度目の赴任だった。それだけにムハーバラートの複雑な組織内政治のことは熟知していた。だが今回ばかりはアメリカ人の生命にかかわるかもしれない事態だった。リチャーは翌朝、当時すでに長官に就任していたサミヒ・バティヒの執務室を訪れ、西暦二〇〇〇年を迎える大晦日にヨルダンを襲うはずの計略について、独自ルートから情報を得たと伝えた。バティヒは驚いたが、知っている限りのことをアメリカ側に明かしてやるしかなかった。

それから二週間、ヨルダン側を支援するアメリカのテロ対策チームも到着し、六カ国にまたがる情報の流れをたどりながら、のちに「二〇〇〇年謀議《ミレニアム》」として歴史に名を遺したテロ計画の全貌が明らかにされていった。アル＝カーイダにつながる人物がアフガニスタン東部で統率し、ヨルダンにかかわる部分では、アンマンのラディソン・ホテルに加えて国境のイスラエル側検問所と欧米人観光客に人気の教会二カ所も標的とされ、爆弾と小火器による波状攻撃が計画されていた。これとは別にロサンゼルス国際空港の襲撃計画もあったが、爆発物を満載した車でカナダから国境を越えようとした爆破計画犯をアメリカの税関当局が逮捕し、未然に防ぐことができた。

押収した書類から、そして監視網の拡充によって、さらに加担者と思われる人物たちが特定されていき、容疑者の数は二八人にのぼった。そのなかでもとくにある人物の名前が当局者らを驚かせた――ヨルダンのザルカ出身で、本名はアフマド・ファディル・ハライレー。

あのザルカウィだった。

二カ月ほど前にヨルダンを出国したザルカウィは、パキスタン西部までたどり着いたが、そこで立ち往生していたらしい。それとなく追跡していた情報提供者からの報告によれば、ザルカウィはペシャワールのアラビア語が通じるモスクで毎日の礼拝に参列し、やましいことはしていない、とのことだった。それがわずか数週間後、ヨルダンに対する何年ぶりかという大規模なテロ計画の相談役という端役としてではあるが、ふたたびザルカウィの名が挙がってきたのだった。

ザルカウィは助言をした程度にすぎなかったようだが、テロ計画との関係を明かす盗聴記録だけでも、新たな罪状と欠席裁判による有罪判決を引き出すには十分だった。さらにザルカウィは、CIAアンマン駐在所のロバート・リチャーのデスクに届いた報告書の中でも注目されていた。

「ザルカウィという名は初耳だった」とリチャーはのちに回想した。

このテロ計画を挫いたことで、ヨルダン側は人命を救うと同時に、経済的、政治的にも大惨事を免れた。フセイン一世の崩御を受け、ヨルダンが新たな船出をし、図らずも即位することになった若きアブドゥッラー二世国王がまだ地歩を固めつつあるというときである。聖戦主義者《ジハーディスト》らはヨルダンにとって死活的な観光産業の象徴を意図的にねらったのだ。即位から九カ月、アブドゥッラー二世国王は政治経済改革を推進しようとしていたが、父親の代に特権的な地位を得ていた将軍たち、情報機関高官、それに部族の長老ら、ヨルダンの古株たちの執拗な抵抗に遭って苦闘していた。もしテロ計画が成功していたら、経済は麻痺し、即位から日の浅い国王の求心力は低下して、ヨルダンの国情は一変していたかもしれない。

今回の計画は挫くことができたものの、ムハーバラートは浮かれているわけにはいかなかった。イスラーム主義過激派らはヨルダンを攻撃する意思を示したのであり、危うく成功するところだった。そして加担者らの一部は獄中にあるとはいえ、主要な計画立案者らはアフガニスタンやパキスタンにおり、思うままに再度の攻撃を試みることができる立場にいた。

ザルカウィもそんな一人で、思惑はもはや明白だった。九月、ムハーバラートのアブー・ハイサム大尉の執務室に座らされていたザルカウィは、ヨルダンを離れて新たな人生を始めたいと懇願していた。それから三カ月、この男の出国を認めたことをムハーバラートは激しく後悔していた。

「苦い思い出ばかりだったでしょうが、あいつはヨルダンのことを忘れてはいなかったのです」と、アブー・ハイサムはのちに嘆いた。(3)

実際、より大きな標的をねらうようになってからも、ザルカウィの祖国への関心は決して薄れることはなかった。「パレスチナへの道はアンマンから始まる」、ザルカウィはしばしば友人たちにそう語っていた。

ムハーバラートは間もなくヨルダンをねらったいくつかの新たな計画について知ることになる。そしてこの次にザルカウィの名前が浮かんでくる計画は、ザルカウィが自ら組織し、計画したものになる。

ザルカウィにとって、パキスタン滞在は思うようにはいかなかった。

九月にペシャワールに入ったザルカウィは、コーカサス地方北部まで進むつもりだった。チェチェンの独立闘争派とイスラーム主義者らがロシアと衝突し、新たな戦争が始まったばかりだった〔一九九九年八月から二〇〇九年まで続いた第二次チェチェン戦争〕。もしチェチェンの義勇軍である「イスラーム国際旅団」と組むことができれば、少なくともザルカウィはロシア軍と戦える。アフガニスタンの内戦中にはついに果たせなかったことが実現するのだ。だがそうはいかなかった。一九八〇年代にはアフガニスタンの反政府ゲリラに資金援助をしていたパキスタン政府も、一九九九年時点ではこの地域に出入りするアラブ人ジハーディストらにはるかに厳しい姿勢をとり、ザルカウィも人脈の構築や、移動に必要な書類の入手に苦労した。ザルカウィが待たされているうちに、ロシア軍機がチェチェンとダゲスタンの国境地帯の山岳路に大々的に燃料気化爆弾を投下。チェチェンのイスラーム主義の武装グループはおおかた壊滅してしまった。

そしてパキスタン入りして六カ月後、ザルカウィはビザの期限切れのため国外へ退去せよとパキスタン当局から告げられた。たちまちザルカウィは選択を迫られた。ヨルダンへ戻るか——ミレニアム謀議への加担で投獄されることはほぼ間違いなかった——あるいは山岳地帯を越えてアフガニスタンへ入るか——前回の訪問時に比べてはるかに魅力に欠ける行き先だったが。アフガニスタンは六年に及ぶ内戦で荒廃していたばかりでなく、紛争の現状では、一九八〇年代や九〇年代に比べ、ザルカウィや何万人ものアラブ人義勇兵を惹きつけた道義上の理由も曖昧になっていた。イスラーム主義者対共産主義者という闘争の構図とは異なり、アフガニスタン紛争は今やムスリムの軍閥たちとタリバンの将軍らが錯綜し、猫の目のように変わる同盟関係を結びつつ、互いに抗争を繰り広げているのだった。

それでもザルカウィはアフガニスタンを選んだ。友人二人と連れだってカンダハールへ進み、やがて彼らを歓迎してくれそうなアラブ人の指令本部へとたどり着いた。アフガン戦争にも従軍したその人物、それはウサマ・ビン・ラディンだった。しかしザルカウィはこのかつての聖戦の戦士《ムジャヒディーン》の同志から温かい歓迎を受けるどころか、無礼にも体よくあしらわれた。アル=カーイダの創設者であるビン・ラディンはザルカウィと会おうともせず、側近の一人を寄こしてザルカウィらヨルダン人の三人組を品定めさせた。どんな訪問者にも油断しないというビン・ラディンの慎重さにはそれ相応の理由はあったのだろう——前年、アフリカのアメリカ大使館二カ所にテロ攻撃を仕掛けて死傷者を出し、アメリカ連邦捜査局（FBI）の指名手配者のなかでも最重要人物の一人となっていたからだ。ビン・ラディンとしては、ムハンマド・マクディシと関係のある人物を警戒すべき立派な理由もあった。ザルカウィのかつての囚人仲間で師でもあるマクディシは、アラブ諸国の背教者政権を力づくで転覆すべしと呼びかける論文を発表し、ビン・ラディンの母国サウジアラビアの支配者たちを激怒させていたのだ。ビン・ラディンは自らもサウジアラビアのリーダーらとは何かと問題を抱えており、マクディシと公然と関係を持つことは事態を悪化させるだけだった。

ザルカウィは二週間もゲストハウスに留め置かれて悶々とさせられた。それからようやくビン・ラディンは上級の副官、元エジプト軍将校のサイフ・アル＝アデルを会いに寄こした。何年ものちに当時のことを書き記した回想記の中で、すでに頑固者で喧嘩っ早いことで知られていたザルカウィのことを、アデル自身も警戒していたと認めている。

「要するに、同志たちと意見が合わない場合、アブー・ムサブは決して折れようとしない。だから私も用心していた」とアデルは書いている。(4)

習慣どおりにあいさつと抱擁を交わすと、アデルはしばしザルカウィを品定めした。すばらしい第一印象とは言いがたかった。

「アブー・ムサブはがっしりした体格の男で、正直のところしゃべるのは下手だった。言いたいことが言葉少なにそのまま口を突いて出る。自分の信念については決して妥協しようとしない」とアデルは回想する。

ザルカウィがこだわっていた壮大な構想は「ふたたびイスラーム社会を打ち立てること」だったようで、そうした社会について独自の頑《かたく》ななイメージを抱いていたのだとアデルは言う。だがその目標へ向けてどこから始めてよいものか、とっかかりを持っていなかったと。その上、ザルカウィがかつて暮らしていた地域の状況について問うてみると、不思議なほど最新の情勢に暗かったという。

「ヨルダンについては十分知っていた。だがパレスチナ情勢に関する知識が乏しかった。われわれは彼の話を聞いたが、言い争うことはしなかった。味方に引き入れたかったからだ」とアデルは言う。

ザルカウィには数々の欠点があったが、アデルは次第にこの訪問者に共感を覚えるようになっていった。不器用で口下手な感じに、若きころの自分の姿を重ねたのだ。ザルカウィほど頑迷に自説に固執するような人物は、決してアル＝カーイダの一員になることはできない。事実、アデルは一度も加入を勧めなかった。だがアデルには、ザルカウィをほかの方法でアル＝カーイダのために働かせるアイディアはあった。アデルはそれを翌日ビン・ラディンに提案した。

一九九九年の暮れまでに、アル＝カーイダはアフガニスタン、北アフリカ、そして湾岸諸国には強大な協力者のネットワークを築き上げていた。しかし地中海東部沿岸地域《レヴァント》の諸国ではそれに比肩する存在感を確立できずにいた。アル＝カーイダの偉大なる最終目標は、将来的にイスラエルを壊滅させることだった。しかし欧米寄りのヨルダン政府の打倒を手始めとして、イスラエルに打撃を見舞う準備を進めようにも、ヨルダンやパレスチナといった地域に幹部要員を送り込むことができずにいた。

ひょっとしてザルカウィならば、ヨルダン出身であり、囚人時代に築いたパレスチナのイスラーム主義者らとの深い絆もあるだけに、その決定的な空白を埋めることができるかもしれなかった。
「パレスチナとヨルダンに食い込むこんなチャンスを逃す手があるだろうか？　アブー・ムサブやほかの国々の同じような連中と協力するチャンスを無駄にすることなどできただろうか？」とアデルは問う。

だがザルカウィが信頼に足る人物か疑問は残った。そこでアデルはある実験を提案した――このヨルダン人に独自の訓練キャンプを運営させてみてはどうか？　ヨルダンとレヴァント地域の諸国、さらにイラクとトルコからのイスラーム主義の戦闘員志願者らに特化したキャンプだ。アル＝カーイダは立ち上げ資金を提供し、あとは一定の距離をとってザルカウィのお手並み拝見という算段だ。この場合の「一定の距離」とは約五五〇キロ――アル＝カーイダの基地からはアフガニスタンの反対側に位置する町、イランとの国境地帯のヘラートだ。レヴァント地域からの志願者専用キャンプは「われわれからは多少の遠隔地となる」と、アデルも認めた。ザルカウィはビン・ラディンに忠誠を誓うことは強要されず、アル＝カーイダのイデオロギーのすべてを受け入れる必要もない。それでも裕福な湾岸諸国のパトロンたちから潤沢な資金が入り、さらにアル＝カーイダ側はアデルが言う「共通の目的を達成するための（全面的な）コーディネーションと協力態勢」も提供する。

ザルカウィはこの提案を二日間検討した末に受け入れることにした。

ザルカウィが任された初めての訓練キャンプには、当初はヨルダンから呼び寄せたひと握りの友人たちとその家族しかいなかった。だがザルカウィはかつてのムジャヒディーンの戦友たちや監獄時代のつてをたどって勧誘し、間もなく新たな連中もアフガニスタン西部をめざしてやって来た。何週間かのち、ザルカウィの仕事ぶりをチェックしにアデルが立ち寄ったときには、成人男女と子供たちで合計一八人だった。それから二カ月、訓練キャンプの人口はシリア人やヨーロッパ人も含め、四二人に膨れ上がっていた。シリア人の歯科医師で、ザルカウィのムジャヒディーンの戦友でもあるアブー・アル＝ガディヤは四カ国語を操り、いわば旅行代理店とロジスティクスの責任者を兼ねたような役割を果たしていた。この男は何年かのちにも、このときと同様、ザルカウィの過激派ネットワークのためにシリアからイラクへと通じる人間や物資の調達ルートの運営を担うことになる。しかしまだこの時点でアブー・ガディヤが担当していたのは、アフガニスタンをめざす新入りたちのもっとも確実なルート、イランを通る道だった。ザルカウィはシーア派のムスリムを嫌悪し、イランの首脳らを背教者だと見ていたが、それでも隠れ家の持ち主や、人や物をアフガニスタンとの国境へ密かに運んでくれる何人かのイラン人協力者と手を結ぶことができた。

一方、訓練キャンプのリーダーであるザルカウィは情熱的な司令官に変貌していた。また、訓練キャンプのパレスチナ人仲間の十三歳の娘、アスラを二人目の妻とし、資金提供者であるアル＝カーイダの中で子供の結婚を不適切と考える者らの不興を買った。空き時間には本を読み、コンピュータの基本的な使い方を覚え、しゃべり方に磨きをかけ、使い慣れたザルカの俗語をやめてコーランの古典的なアラビア語に変えた。入所者の指導については、武器の使い方からイスラーム教の歴史や信仰のことまですべてを監督した。

「彼らはミニ・イスラーム社会をつくり上げつつある」と、アデルは得意げに断言した。

だが長続きはしなかった。カンダハールでは、ビン・ラディンが二〇〇一年九月十一日のテロ攻撃の最終許可を出していた。これがアル=カーイダおよび彼らと組むタリバンに対する戦争へとアメリカを引き込むことになる。アデルによれば、ザルカウィはニューヨークとワシントンへの攻撃が終わるまで何も知らされていなかったという。しかし引き続いて起きた何週間にも及ぶ戦闘では、ビン・ラディンの基地と同時にザルカウィのヘラートの訓練基地も米軍の標的とされたのだった。

ザルカウィの弟子たちとその家族らは、やがて車列を組んでアフガニスタンを横断し、カンダハール防衛のためにアル=カーイダに合流した。アメリカに支援された北部同盟軍は米軍の特殊部隊と空爆のおかげですでに首都カブールを制圧。タリバン政権の最後の拠点であるカンダハールへの進撃準備を進めていた。そしてザルカウィらヘラートの一団が到着して間もなく、アル=カーイダの上級幹部らが会合を開いていた家を米軍の爆撃機が攻撃。数人に重傷を負わせ、ザルカウィを含むほかの者らを瓦礫に埋めた。助け出されたザルカウィは肋骨を何本か骨折するなど重傷を負っていた。ビン・ラディンがタリバンを見捨てて逃亡し、東部山岳地帯に所有する避難所——トラ・ボラの名で知られる要害——へと密かに移ったころ、ザルカウィはまだ治療を受けているところだった。

ザルカウィは部下たちと数人のアル=カーイダの落伍兵らをまとめて、来たのと反対方向、つまりイラン方面へ急いで立ち去った。かつて新入りたちをアフガニスタンへ迎えるための協力者のネットワークがあった国境地帯の町へと、避難したのだ。難民となった彼らは小グループに分かれて互いに身を寄せ合いながら、狭まりゆく選択肢を検討したのだと、アデルはのちに語った。アフガニスタン東部では山間のビン・ラディンの要塞が米軍の激しい空爆に曝されていた。イランでは、当初はアル=カーイダの避難民の入国を認めていた役人たちが方針を変え、ヘラートから来たグループの大部分を含む新規入国者らを何十人と逮捕した。身の安全とともに、生き残ったメンバーが身体を休めて再結集するチャンスをも与えてくれる安息の地――アル＝カーイダの戦闘員たちが求めていたのはそんな場所だった。

そして一カ所、そんな場所がイラク北東部の山岳地帯にあった。イランとの国境からわずか数キロ、ひと握りのクルド人の村々がイラクの独裁政権の支配の手を逃れ、不安定ながら自治を勝ち取っていた。そのクルド人地域は一九九一年の湾岸戦争末期にアメリカが設定した飛行禁止区域によって守られていた。そしてその境界内にはいくつかのひどくまとまりのない政治勢力が根を張っていた。なかでもあるクルド人のグループはタリバン風な運動を展開し、何十人ものアフガン戦争の古参兵をメンバーとし、アンサール・アル＝イスラーム――「イスラームの援助者」――と名乗っていた。リーダーらはスンナ派の過激派で、支配下の村々にすぐさま厳しいイスラーム法（シャリーア）を導入した。音楽は全面的に禁止、女性には公共の場では顔を隠すことを強要し、女子のための学校を違法とした。また、粗末な実験室を建てて盛んに毒薬の実験を行ない、青酸カリや自家製のリシンを野良犬に投与するなどした。

逃亡中のヨルダン人であるザルカウィにとって、イラク北部はこうした魅力に加え、さらなる利点もあった。現地語をまったく話せなかったアフガニスタンに比べ、ザルカウィはアラビア語を話す地元の住民に溶け込むことができた。それにこの一帯はきわめて孤立した地域で、邪魔が入ることなくひと息つくことができた。

アンサール・アル＝イスラームの基地に到着後、ザルカウィはサルガトという小さな村の粗末な住居に落ち着いた。丘陵地帯へ入ると行き止まりになる道沿いに、わずかばかりの石造りのあばら家が並ぶ集落だ。ヘラート以来のわずかな部下たちと、アル＝カーイダから得た資金の残金数千ドルで、ザルカウィはアフガニスタンで作り上げた訓練キャンプを再建しにかかった。大きな違いもあった。第一に、ビン・ラディンは三〇〇〇キロ以上の彼方で潜伏していたから、今回はアル＝カーイダが本格的な介入をしてくることはあり得ない。ザルカウィには新たな同盟者や支持者らも得られるだろう。そこにはザルカウィに共鳴するバグダードのイスラーム主義者らも含まれることになる――彼らはザルカウィが骨折した肋骨の治療を受けに密かに訪れたときにもかくまってくれた。さらに加えて、ザルカウィは自ら決行するジハードの標的について、以前より幅広く考えるようになっていた。二〇〇一年までは、ザルカウィがもっとも毛嫌いしていた敵は、イスラエルと故国のヨルダン政府の二つだった。それが今や、折れた肋骨の疼《うず》きが、アメリカを痛めつけたいとの欲望を常に思い出させてくれた。アンサール・アル＝イスラームの部隊に合流するためにイランを離れる少し前、ザルカウィはアデルにそう言ったのだった。それは二人が顔を合わせた最後の機会となった。

「イランを発つ前、別れのあいさつに来たザルカウィが力説したのは、アフガニスタンへの空爆でアメリカ人たちが犯した罪に、どうしても復讐しなければならないということだった。彼はアメリカの所業を直接目にしていたのだ」とアデルは回想する。

こうしてザルカウィの粗暴な性格は三度にわたって鍛え上げられた――アフガン戦争によって、投獄によって、そしてアフガニスタンでの自らの訓練キャンプを指揮した責任感によって。ザルカウィは自分をリーダーであり、かつ運命の男だと感じるようになっていた。そしてアデルが見たところ、今やザルカウィの情熱と思考はさらなる変容を遂げていた。このときザルカウィの思いは「アメリカ人に対する憎悪と敵意」によって研ぎ澄まされていったのだ。

欧米では、ジョージ・W・ブッシュ政権下のアメリカがイラクのサダム・フセインに対する二度目の戦争に備えているのではないかと、新聞各紙で憶測が流れ始めていた。そんな報道を少なくともザルカウィは信じていた。獄中でザルカウィと出会い、のちにこのテロリストのリーダーの前半生に関する伝記を書いたヨルダン人ジャーナリスト、フアド・フサインは次のように証言している。先行きが思わしくなかった二〇〇二年、意気消沈していたイスラーム主義者らとの会話の中で、ザルカウィは来たるべき歴史的闘争について語り、自分はアラーの大敵との対決にふさわしい場所へと運命によって導かれたのだと言った。そのとき、ビン・ラディンはパキスタンで逃亡中で、タリバン軍のしんがりはアフガニスタンの東部山岳地帯で米軍の特殊部隊に追撃されていた。だが真の一大決戦はまだ先だと、ザルカウィは予測していた。その舞台は少なくともこの一〇〇年、本格的な宗教戦争など起きたこともない土地になるはずだと。

ザルカウィは友人たちに語った——「アメリカ人どもとの来たるべき戦いの場、それはイラクだ(5)」。

5 「アル＝カーイダとザルカウィのために」

ローレンス・フォーリーは派手な方ではなかったが、ボストン出身のこの男はヨルダンの首都アンマンほどの国際都市でも、どことなく目立つところがあった。アンマンの住人としては大柄な方で、たっぷりとした腹部は、アメリカ大使館の中堅外交官には欠かせない仕事上の数々のディナーやランチを詰め込む余裕があった。アイルランド系アメリカ人に特有のそばかすの多い赤ら顔に対し、さらし木綿のように純白の前髪が際立っていた。愛犬のゴールデンレトリバーのボガートを連れて長い散歩に行くのが好きだったが、その界隈ではペットと散歩をするような人などおらず、奇異の目で見られた。それよりもよほど友人たちを驚かせたのは、身の安全に関する懸念に決して屈しなかったことだ。二〇〇一年九月十一日の米国同時多発テロ事件に引き続く不安な日々に、多くの欧米人が神経質になっていたときにだ。在外アメリカ人に対する脅威が増しているとの報道に触れて親族らは心配したが、「ヨルダンは安全な国だ」と、六十二歳になるフォーリーは請け合った。

米国同時多発テロ事件から週を追い、月を追うごとにアメリカ人に対する敵意が急激に膨らみゆくなか、大使館に近い隔離された街区に移り住む駐在員らもいた。アメリカ大使館自体も新たに防護壁を設け、重武装した警備兵らを置くようになった。だが三〇年にわたってこれよりもはるかに危険な地域に駐在してきたフォーリーは違った。鍛鉄の窓格子やバラの木々があり、駐在員なりにヨルダンの普通の暮らしを味わえる西アンマンの二階建ての住宅に居残ることにしたのだ。晩にはそれまでどおり、愛犬ボガートを連れて妻のヴァージニアと一緒にアブドゥッラー・ゴーシェー通りを散歩した。近所の人たちに会えば、手を振ったり、簡単なアラビア語でひと言ふた言のあいさつを交わしたりもした。毎朝フォーリーは早起きをし、中古車を運転して大使館へ出勤した。その外交官用ナンバープレートの付いたワインレッドのメルセデスベンツ280は、自宅では装飾の付いた門の内側の小さなカーポートに停めていた。こうしてフォーリーはあえて、そして頑なに、毎日変わらぬ日課をこなした。折しも二〇〇二年の初秋、ヨルダンでアメリカ人を誘拐する犯罪計画があるとの新たな警告が関係者に慌ただしく伝えられていた。

大使館でのフォーリーの仕事は、安全な飲料水の普及事業やヨルダンのビジネス・パートナーたちとの共同事業などに関する資金調達だった。特段名誉ある任務ではなかったものの、重要な役目であり、フォーリーは精力と情熱を注いだ。アンマンの難民キャンプでの仕事も気に入っていたし、住人たちに声をかけて話し込むのも好きだった。キャンプでの暮らしぶりについて飽きることなく訊ねるフォーリーのことを、CIAのスパイだと疑う者もいた。だが無邪気な笑顔を浮かべるこの太鼓腹のアメリカ人におおかたの住人は魅了された。上司たちもいたく感心し、特別表彰を授与することにした。こうして二〇〇二年十月二十七日の晩、アメリカ大使館はフォーリーに栄誉ある記念の盾を贈り、ディナーパーティーは夜遅くまで続いた。妻のヴァージニアの回想によれば、疲れてはいたが、すっかり上機嫌で帰宅したという。

「おれは居たいところに居て、やりたい仕事ができているよ」とフォーリーは妻に言った。[1]

翌朝、フォーリーはいつもどおりの時間に起床し、着替え、七時二〇分にカーポートへ向かった。ベンツのドアに手を伸ばそうとしたとき、ふいに車の反対側に男が現れた。顔は白と黒のチェック柄のスカーフ――カフィーヤ――で覆っている。右手にはサイレンサー付きの拳銃が握られていた。

プシュン、プシュン。

銃弾を受けてフォーリーはよろけた。銃の男は近づいて弾倉が空になるまで撃った。

プシュン、プシュン、プシュン、プシュン、プシュン。

フォーリーは敷石に崩れ落ちた。[2] 顔、首、肩、そして胸を撃たれていた。カフィーヤの男は低い壁をよじ登って乗り越え、一ブロック先で待ち受ける車と運転手めがけて駆けていった。一分足らずの出来事だった。もの音もほとんどせず、近隣の住人たちも誰も銃声を耳にせず、ベンツとバラの植え込みの間で血だまりに大の字になった遺体に気づくこともなかった。

だが一時間後、銃の男がイラク北部の連絡係に電話をかけたとき、西アンマンからはるか遠くのある場所で、その会話に耳をすましている者がいた。

「長老《シャイフ》に知らせろ。万事予定どおりやったぞ」と銃の男は言った。

暗殺犯と連絡係の電話通話の断片を傍受したのは、アメリカ政府のスパイ組織、国家安全保障局

（ＮＳＡ）が管轄する地球規模の巨大な監視網で、定期的な監視作業の一環だった。二〇〇一年九月十一日のテロ事件以来、ＮＳＡは膨大な量のデータを入念にかき集めていた。ＮＳＡはウサマ・ビン・ラディンまたはその他のアル＝カーイダの工作員がかくまわれている可能性のありそうな地域を集中的に監視していた。二〇〇二年の夏と秋、イラクの北東の片隅もそんな地域の一つだった。ほどなくして、ホワイトハウスと国防総省《ペンタゴン》の最高首脳部たちは、多くの地図には名も載っていないようないくつかの山村に熱い視線を注ぐことになる。

アメリカの外交官が暗殺された――世界有数の激動の地である中東でも、それはきわめて稀な出来事だった。そして銃撃犯の通話に関する当初の分析結果から、最初に疑惑の目が向けられたのは大枠で言えばアル＝カーイダで、具体的には、ＣＩＡのテロ対策センターの分析官《アナリスト》たちの大半もまだよく認識していない男だった。

だが分析官のなかでもこのザルカウィという男をもっともよく知るネイダ・バコスの見立ては懐疑的だった。三十三歳のバコスは二年前にＣＩＡに加わったばかりで、分析官として日は浅かったが、あっという間にザルカウィというヨルダン人に関するＣＩＡの第一人者になりつつあった。何年かのちには、このモンタナ州中部の牧場の娘は、ザルカウィの追跡を最前線で支援する一人になる。ザルカウィが暮らしていると推定される場所からわずか数キロ、砂埃にまみれたイラクの軍事基地で何週間もぶっ続けで働く。そして彼女は判明している限りのザルカウィの足跡をたどり、拘束したザルカウィ配下の戦闘員たちを尋問し、隠れ家と思われる場所へ米兵らが深夜の奇襲をかけるとあらば同行するのも厭わない。ザルカウィの経歴や習癖を調べ上げるバコスのとてつもない熱意に、同僚たちはザルカウィのことをヨルダン人の「ボーイフレンド」と呼んでバコスをからかったほどだ。

だが外交官暗殺事件を性急にザルカウィの仕業だとすることに、バコスはどことなく違和感を覚えていた。たしかにザルカウィが暗殺を命じた可能性はある。それは彼女も認めていた。だがあまりにも話ができ過ぎな気もした。ヨルダン側は、この事件がヨルダンの観光産業に痛手を与えるようなありふれた暴力事件ではなく、国際的テロ組織による意図的な犯罪であることを証明したくて仕方がないはずだ。その上、ブッシュ政権内でザルカウィの名を知る数少ない高官たちは、このところこのヨルダン人に不思議なほど強い関心を寄せていた。CIAのバコスが所属する部署では、アル=カーイダとサダム・フセインがつながっているとの噂に関して、ブッシュ政権関係者からひっきりなしに届く質問攻めの対応に追われていた。イラクのサダム・フセイン大統領といえば、今やブッシュ政権がねらいを定めている人物だった。アル=カーイダによるニューヨークとワシントンに対する九・一一同時多発テロに、イラク政府がどんな些細な役割でも果たしていたとすれば、アメリカがイラクに侵攻する明白な根拠となる。CIAは九・一一とイラクの関係にまつわる噂の大部分は否定し去ることができたが、ザルカウィの件には多少曖昧なところもあった。このヨルダン人の男はバグダードで目撃され、市内の国立病院で治療を受けたのではなかったか？ ザルカウィといえばアル=カーイダから資金と土地を与えられ、アフガニスタン西部で自分の訓練キャンプを設置した人物ではなかったか？ 米軍のアフガニスタンに対する攻勢以降、ザルカウィはトラ・ボラにいるビン・ラディンに合流せず、イラクへ逃亡したのではなかったか？ そしてさらに気になる疑問があった——イスラーム主義過激派組織、アンサール・アル=イスラームの基地に毒薬製造工場があるとの噂は、サダム・フセイン——一九九〇年代に化学兵器に関心を持っていたことは有名だ――とのつながりを示唆しているのではないか？

バコスと同僚たちはブッシュ政権からの問い合わせに律儀に対応し、二〇〇二年末の時点で入手し得たザルカウィに関する限られた機密情報の範囲内で、回答しようとしてきたのだった。

そして今、さらに多くの質問が来ることが予想された。アメリカ人外交官が射殺されたのであり、今のところもっとも有力な手がかりによれば、命令の発信源はイラク国内で、それもアル＝カーイダと明白なつながりがある男からだったのだから。

おおかたのアメリカ人にとって、そしてＣＩＡのおおかたの分析官たちにとっても、ザルカウィはいまだ世界的な聖戦主義者《ジハーディスト》の活動の闇の一角に潜む、知られざる人物だった。だがブッシュ政権上層部の間では、有象無象のテロリストの中でこの男は一気に注目度ナンバーワンに躍り出ていた。

ＣＩＡでの最初の二年間、ネイダ・バコスは歴史が猛スピードで真正面からぶつかってきたように感じるときが何度かあった――まるで榴散弾を浴びせられたか、車のフロントガラスを突き破ってれんがが飛び込んできかのように。二〇〇一年九月十一日の早朝にも、そんな瞬間を体験した。バコスが同僚の若手分析官たちとテレビ画面を取り囲んだそのとき、二機目の旅客機が世界貿易センター第二ビルのアルミニウムの外壁を突き破り、爆発してビルの北側から飛び出してくるのを目にしたのだ。喘ぎと泣き声のただ中で、ロワー・マンハッタンへ押し寄せる黒煙をテレビ画面で見ていた職員たちの間を、ある組織の名称がさざ波のように伝わっていった――アル＝カーイダ。職場からの総員退避の命令が下るなか、同僚たちは次々と外へと出つつあったが、はちみつ色のブロンド・ヘアに柔和な茶色い目をした新人分析官のバコスは、どうしても席を立つことができなかった。

「私はずっと自問していました、『私にできることはないだろうか？』って。『私たちにも何かさせてほしい』と思っていたんです」と、バコスはのちに語った。[3] 実際、ＣＩＡのテロ対策チーフだったコファー・ブラックは、居残っていた二〇〇人の職員らをものの数分のうちに呼び集めた。そして、ウサマ・ビン・ラディンを発見し、滅ぼし、打ち破るためのＣＩＡの何年にも及ぶことになる作戦の最初の指令を発したのだった。ブラックは言った――「われわれは今や戦争状態にある。われわれがこれまで戦ってきたいかなる戦争とも異なる類の戦争だ」。

ちょうど一年余り経ったころ、バコスにふたたび歴史と直面する瞬間が訪れた。小さな会議室でアメリカ副大統領と同席したときのことだった。アメリカはイラクとの戦争へと歩を進めつつあり、当時、ディック・チェイニー副大統領はブッシュ政権で戦争戦略を売り込むトップ・セールスマンを演じていた。その副大統領がきわめて異例なことに、御自らヴァージニア州ラングレーにあるＣＩＡ本部へと足を運び、テロ対策の最高クラスの専門家らに質問をぶつけようとしていた。九・一一のテロ攻撃とイラクのサダム・フセイン大統領の関連を示すものはないかと、チェイニーの執務室からは何カ月も前からせっつくような問い合わせがＣＩＡに寄せられていた。ザルカウィも興味深い人物として注目されるようになっていたが、ＣＩＡの報告書類は国防総省の特殊作戦室――イラクに対する強硬派で、ブッシュ政権下で国防次官に任命されたダグラス・Ｆ・フェイスが設置したいわば影の諜報部――からの情報に比べると、はるかに慎重だった。そこで副大統領としては直接問いただそうという腹だった。ＣＩＡは本当のところ、何をどこまで知っているのか、と。

その朝、ダークスーツを着込んだ強面《こわもて》の顧問数人を引き連れて、チェイニー副大統領はイラクに関する機密情報をめぐってＣＩＡと二度目の対決に臨むべくやって来た。ジョージ・テネット長官が取り仕切った一度目の会合は、ＣＩＡ側にとっては不首尾に終わった。そのときチェイニーはアル＝カーイダの工作員とされる連中とサダム・フセインとの不穏な関係について質問をぶつけたが、ＣＩＡの高官らは即答できなかったのだ。フセイン大統領と（ひょっとしてウサマ・ビン・ラディン本人をも含む）テロリストたちとの結びつきに関して、ＣＩＡの情報には穴があるのではないか——チェイニーの問いかけのトーンにはそんな疑念が感じられたのだった。

今度は情報に精通したより若手の職員らを引っ張り出そうと、テネット長官は二度目の会合を設定した。こうして、アメリカ第二の権力者を教え諭す機会に参加せよと、三年目の職員だったバコスにも声がかかったのだった。

会場はＣＩＡ本部ビルの七階、重役室に近い一室だった。眼下には深い森が見えた。首都ワシントンの郊外を形成するヴァージニア州の密集した市街地とＣＩＡを隔て、緩衝地帯としてセキュリティ上の役目を果たしている森だ。チェイニーとその顧問たちは長テーブルの片側に、居並ぶＣＩＡの中級幹部らに向かい合って座に就いた。その幹部たちは、情報ファイルと、俗に「殺人的審問会議」として知られる前日の徹底的な予行演習に基づくメモ類で武装していた。参加者のなかで最若手の一人だったバコスは上司の真後ろに着席した。上司をバックアップするのが彼女の務めで、幹部らの「防衛線」を突き崩すような難問が飛んで来た場合、対応するのだ。バコスは最初は緊張していたが、次第に落ち着き、自ら質疑をリードするチェイニーを感心して見つめていた。チェイニーはCIAの専門家らを疑り深い上目遣いで眼鏡越しに見つめた。口調は丁寧だったが執拗で、しぶる証人を落とす手練《てだ》れの検察官さながらだった。

バコスは反対側の壁際に静かに座り、耳を傾けていたが、決して納得してはいなかった。一九九九年の「ミレニアム・テロ謀議」〔第1部4参照〕の推進に手を貸したテロリストを追う理由はいくらでもあった。だがそんなジハーディストの過激派と、猛烈に世俗主義的なイラク大統領――国内のイスラーム主義者らを頻繁に拷問にかけ、殺害している男だ――の両者が関与する陰謀などあり得るだろうか？ チェイニーは本気でそんなことを言ってるのか？

だがチェイニーは本気どころではすまなかった。会合ののち、チェイニーの補佐官らはCIAのある極秘報告書に猛然と反発し続けた。それはバコスも執筆に加わったもので、サダム・フセインとアル＝カーイダに実効的な関係があるとの主張をほぼ完全に切り崩していた。長年敵対関係にあったその両者が密かに連絡し合っているという、ブッシュ政権の補佐官らが流布している説は「風聞に基づいていると思われる」と報告書は記し、「われわれが確証を持てるようないかなる実証的な具体的事実およびその他の情報はない」としていた[4]。

チェイニーが求めていた答えなど存在しなかったのだ。だがCIAが強く押し戻そうとすればするほど、チェイニーのチームますます執拗になっていった。少なくとも一回、ブッシュ大統領の補佐官が直接バコスに電話をよこし、彼女の報告書の一つの中のある一行の記述について質問してきたことがあった。これは長年の慣習に違反していた。政権によって政治任用された人物がCIAの個々の分析官に直接連絡をとることは、御法度なのだ。このルールはＣＩＡの職員を政治的圧力から守ることを目的としている。バコスは急いで電話を切り、上司に苦情を上げた。ルール違反に憤慨した上司はホワイトハウスに抗議の電話を入れた。

バコスは言う――「無いと言うのなら無いことを証明しろと、彼らは私たちに要求していたのです。つまりザルカウィがアル＝カーイダの一味ではないということ、そしてサダム・フセインと協働していないということを示せと。しかも私たちがいくらそうしようとしてみても、返ってくるのはこんな答えなわけです――『それがどうした？　ああいう連中はどうせみんな同じことを考えているんだ、だからどっちだって構わないのだ』と」。

二年余り前にＣＩＡの求人に応募したとき、バコスはこんな仕事をしている自分の姿など想像だにしなかった。応募はちょっとしたいたずら気分で、自分で自分に賭けでもしてみようという気楽なものだった。採用後かなりの月日が経ってからでさえ、故郷の親戚たちはバコスが電話対応や郵便物の確認といった、管理部門の助手か何かをしていると思い込んでいた。ＣＩＡの任務でテロリストを追跡するなどという派手な仕事にありつける人間など、モンタナ州デントンのような小さな町では前代未聞だった。

バコスはかつては獣医師になるのが夢だった。馬とともに育ち、陽の長い夏の日々をたった一人、牧場でお気に入りの雄馬を乗り回して過ごしてきた若い女性には適職に思えた。少女時代のバコスの視野が及ぶ範囲といえば、卒業生九人のごく小さな高校での学校生活と、夢中で見ていた刑事もののテレビ番組の世界ぐらいだった。しかしそれでもなお、バコスは自分がもっと大きな何かを求めていることを確信していた。

モンタナ州立大学一年生のとき、交通事故に遭い、彼女の野心は危うく挫かれるところだった。だがやがて復学を果たし、新たな専攻——経済学——と、国際関係にかかわる仕事をしたいという漠然とした計画に情熱を注ぐことができた。その後結婚し、しばらくはセメント製造会社と鉱業会社で働いた。そして三十歳の誕生日まで数カ月というとき、荷物をまとめて小型トラックのフォードF-150に積み込み、アメリカを横断して首都ワシントンへ向かった。離婚したばかりで、仕事もなければ将来への確たる見通しもなかった。だが、ベトナム戦争に従軍した退役軍人の義父の勧めで、CIAの仕事に応募してみることにした。義父は『エコノミスト』誌に載った求人広告を見て、バコスには十分能力があると見込んだのだった。

「私なんか絶対に雇ってくれないわ。どうして私なんかを?」と、バコスは義父に言った。

「とにかく応募してみなさい」と義父は答えた。

バコスはどうしてもその提案を忘れることができなかった。たとえば国務省など、いずれかの政府機関で経済アナリストとして働くことをちょうど考えていたところだった。それに比べてCIAというのは冒険に思えた。

「まあ、いいじゃない?」と、彼女はついに決断した。

バコスは応募書類を提出し、試験を受けてみると、意外にもCIAの採用担当者から面接の日取りを決めたいと電話があった。そして五カ月後、バコスはCIAのかの有名な入り口を通り抜け、壁にはめ込まれた五メートル弱もある花崗岩製のロゴマークの前を歩いていた。最初はＣＩＡの技術専門官として官僚組織に埋もれて働いた。だがすぐに機密情報分析官へと飛躍を果たした。探偵のような調査の手腕と、ＣＩＡの電子的および人的な諜報網の膨大なデータを処理する能力を要する厳しい仕事だ。経済学専攻という経歴から、バコスはサダム・フセインの金融犯罪――国連による禁輸措置に対する大々的な違反など――を追うチームに配属された。しかし間もなく業務は拡大し、独裁者フセインによるテロ組織への支援を含め、イラク関連のほかの機密情報も扱うようになっていった。そしてそれがザルカウィへとつながった。

細身のブロンドなだけに、男性主体の職場では――とくにリーダー格の職員たちの間で――バコスは人目を引いた。だがバコスのもっとも顕著な特徴は、外見よりもむしろ、調査対象を把握する驚異的な能力だった。ザルカウィとそのトップクラスの側近たちのどんな情報も、入手できる限り片っ端から頭に入れてしまっただけでなく、一見雑多なディテールの山から一定のパターンを見出す才能も傑出していた。当時の上司の一人はバコスを「間違いなく私が知る限り最高の分析官」と称賛した。(5)

現在は退職したその元ＣＩＡ幹部は言う――「彼女はラスベガスのカジノでトランプ・ゲームが得意な人間を思い起こさせるんです。トランプを一枚引いたら、残りの展開がすっかり読めてしまうようなタイプです。教わって身につくような才能ではありません」。

初めて本当に自分にぴったりの仕事に出会えたと、バコスは友人たちに語った。「諜報活動の心臓部よ」と彼女は言ったものだ。しかしその一方で、さまざまな不愉快な事実にも初めて直面することになった。その一つが、政治指導者たちが種々の機密情報の中から選り好みをして、自分たちに都合がよいように現実を歪めて有権者に伝えようとする、という傾向だった。そんな場面には在職中に何度も出くわした。程度の差こそあれ、どの大統領もこの悪弊に染まっていた。

そして今もまた、同じことが繰り返されていた。チェイニー副大統領との会議は、双方が仏頂面のままもの別れに終わった。副大統領とその御一行は、既存のイラク関連情報に何一つとして重要な事実を付け加えることもできずにワシントンへ帰っていった。一方、会議室のCIA分析官のなかにも、副大統領とのやりとりに深く失望している者もいた。ホワイトハウスがイラク侵攻の準備にかかっていることは明らかだった。そしてチェイニーとその仲間たちは、既存の証拠がどれもブッシュ政権の主張に否定的だということなど、どこ吹く風だった。

「私に言わせれば、イラクについてはわからないことが多すぎました。ですが戦争を始める手順について、私はまったくのうぶでした」とバコスは言う。

チェイニーは何年ものち、イラクとテロ組織がつながっている可能性に注目したのは適切だった、と言い張った。「私は難問をぶつけた」と、CIAでの会議についてチェイニーものちの回想記で認めている。(6) 九・一一を受け、アメリカに及ぶ恐れのある脅威についてチェイニーは、「テロ行為と「大量破壊兵器の」使用可能性をつなぐ結節点として、サダム・フセインのイラクほど疑わしい場所はなかったのだ」と言い切った。

「今から振り返ってみても――われわれが受け取った機密情報の一部が誤りだったという点を割り引いてもなお――われわれの判断はやはり正しかったと言えるのだ」と、チェイニーは書いている。

是非はともかくとして、少なくともホワイトハウスがザルカウィを放っておくつもりがないことは明白だった。このヨルダン人とイラク政権との結びつきに対するホワイトハウスの執拗な関心は、イラク侵攻の時点までも、それどころか――ネイダ・バコスにとってはやりきれないことに――それからまだ何年も続いたのだった。九・一一後のヨルダンでのアメリカ人外交官殺害事件も、ブッシュ政権の執念をますます強固にするばかりだった。

ヨルダンの首都アンマン随一の安全な界隈でローレンス・フォーリーが白昼堂々と撃ち殺されたことで、ヨルダン政府上層部にはパニックに近い衝撃が走った。ヨルダン史上、アメリカ人外交官が重傷を負ったり、まして殺害されたことなど未だかつてなかった。アブドゥッラー二世国王は自ら公式な対応に当たり、初動捜査を立ち上げるためにCIAやアメリカ国務省の職員らと会った。王と妻のラーニア妃はフォーリーの未亡人を見舞い、哀悼の意を表するとともに、亡骸《なきがら》のアメリカへの帰還の準備に協力を申し出た。一方、警察と総合情報部《ムハーバラート》はフォーリー殺害に関する尋問のため、何十人ものイスラーム主義過激分子らを拘束しはじめた。四八時間以内に一〇〇人を超える人びとが投獄されたが、殺害の背後にいるのは誰か、そしてアンマンに暮らす何千人ものアメリカ人の中からなぜフォーリーがねらわれたのか、情報部の職員らは何の手がかりも発見できずにいた。いったい誰がわざわざ中堅のアメリカ人官僚を追い、暗殺しようなどと思うだろうか？　しかも被害者の主な任務はヨルダンの上水道の改善だったのだ。

十月三十日、米軍海兵隊とヨルダン軍儀仗兵の両者の部隊によって、フォーリーの棺がアンマンの空港で待つ米軍の輸送機へと運ばれていった。後には未亡人のヴァージニア・フォーリーと、ゴールデンレトリバーのボガートがつき従った。その間にも、街の反対側のムハーバラートの本部では厳しい尋問が粘り強く続けられていた。無名のジハーディスト組織が犯行声明を出していたが、捜査の結果、虚偽と判明した。捜査官らは被疑者たちを絞り上げ、脅しつけ、甘言を弄したりもした。それでも何週間もが経過しても、有力な手がかりは一つも浮かんでこなかった。唯一上がってきたのは一本の電話通話の断片で、どうやら発信元は盗品のメモリーチップを搭載した安物のプリペイド型携帯電話らしかった。

そんななか、十一月末になって、ムハーバラートの情報提供者がある噂を聞きつけてきた。アンマン郊外にあるマルカ難民定住地のアパートの一室に、怪しげなリビア人が引っ越してきたというのだ。この外国人は九月にやって来て、表向きは、敬虔なムスリムの女性が着用する黒いアバーヤという衣料と頭巾の専門店を友人が開くというので、手伝いに来たということになっていた。二人は小さな店舗を借り、「ザ・リトル・プリンセス」という看板を掲げた。二人は小規模な倉庫も借りたが、ちっぽけな衣料品店にどうしてそんなに収納スペースが必要なのか、近隣の人びとは首をかしげた。

リビア人の男のヨルダン側の相棒は、パレスチナ人のヤセル・イブラヒム・フレイハトと名乗る男で、零細ビジネスマンであり、ジハード主義に共鳴はしているが、過激派グループや犯罪とのつながりはこれまで知られていなかった。捜査当局にとって、むしろリビア人の方がずっと興味をそそった。数日間尾行した結果、ムハーバラートはその正体に確信を深めた——男の名はサレム・ベン・スウェイド。アフガン戦争の従軍経験者で、三年前、偽造パスポートでヨルダンに入国して逮捕されたことがあった。当時、警察はこの男とアル=カーイダの関連を疑い、国外へ叩き出した。もし男が本当にスウェイドだとすれば、当局の目を盗んで密かに再入国を果たしていたことになる。

十二月三日の午前零時過ぎ、ムハーバラートの捜査員らが倉庫、リトル・プリンセスの店舗、続いて二人の男それぞれのアパートを急襲した。そしてスウェイドもフレイハトも夜着のまま引きずり出し、何か疑わしいものはないかと一切の所持品を徹底的に調べていった。スウェイドの部屋は大当たりだった。捜査員らは手袋やマスク、防弾チョッキ、催涙弾の弾筒、そして一万ドルを超えるアメリカの紙幣を見つけた。奥の部屋ではスウェイドが秘匿していた武器類も発見された――カラシニコフ自動小銃五挺と弾丸、爆発物に関する手引書、そして標的の候補を図入りで記したノート。だがフォーリーの邸宅の敷地で発見された薬莢に合致する、七ミリ口径の拳銃もサイレンサーも一向に見つからなかった。

午前四時、二人はムハーバラートのテロ対策部門へと移送され、部長補佐のアブー・ハイサム大尉と、「赤い悪魔」の異名を取る伝説的尋問官で、この部門トップのアリ・ブルザクのもとへ送られた。午前六時、曙光がユダヤの丘陵地帯の上に浮かぶ雲をほのかな灰色へと染め変えていくころ、スウェイドは落ちていた。自白調書に署名をし、外交官ローレンス・フォーリー暗殺の計画と実行を認めたのだ。ビジネス・パートナーのフレイハトは見張り番と運転手として手を貸したと、スウェイドは言った。

ムハーバラートの基準からしてさえ、あまりに素早い幕切れで、自白に疑問がもたれることはアブー・ハイサムも先刻承知だった。もっとも重要な同盟国であるアメリカからの信頼を傷つけた殺人事件だけに、容疑者をでっち上げるためにムハーバラートが拷問を用いたに違いないと、ヨルダン国民ばかりか欧米の人びとでさえ疑うに違いなかった。だから供述書のインクが乾く間も無く、アブー・ハイサム大尉は容疑者の信憑性に疑念を持たれたときの常套手段に打って出た——容疑者に犯行現場を案内させることにしたのだ。

観念したスウェイドを、手錠をかけたまま後部座席に座らせ、アブー・ハイサムと運転手はウェスト・アンマンへ向かった。おおかたの大使館と外交官住宅が集中している地区だ。

「現場に連れて行け」とアブー・ハイサムは命じた。

スウェイドが運転手に指示を与えて迷路のような裏道を抜け、車はフォーリーの遺体が横たわっていたカーポートの前で止まった。邸宅は今や空き家だった。未亡人のヴァージニア・フォーリーは夫の遺体とともにヨルダンを離れ、二度と中東に暮らすことはなかった。虐殺の痕跡もすでに洗い流されて久しかった。

囚われの身のスウェイドは後部座席で首を垂れて静かに座っていた。

「どうやってやったのか見せろ」アブー・ハイサムが命令を発した。

スウェイドは自白調書に記したとおりのストーリーをゆっくりとふたたび語った。アメリカ人とヨルダンの公人の標的を見つけろとの司令を受けて、九月にシリアからヨルダンへ潜入したこと。フレイハトと一緒にダミー会社を設立したのち、旧知のフレイハトをシリアにとって帰らせ、隠しておいたカラシニコフと拳銃を含む武器類を持って来させたこと。そして十月、アンマンの大使館地区や西洋人に人気の裕福な界隈を偵察しはじめたことも。

フォーリーを見つけたのは偶然だったと、スウェイドは言った。開けっぴろげな社交的な性格のこのアメリカ人は、アンマンの難民居住区をしばしば訪れ、パレスチナ人たちとともに上水整備事業に取り組むうちに、人目につくようになっていた。難民キャンプでの暮らしぶりについて気さくに質問する姿に、フォーリーを何かの工作員ではないかと疑う連中がいたのだ。誰もが外交官ナンバーが目につく赤いメルセデスベンツの車を知っていた。ほかの大使館職員たちが普通のヨルダン車のナンバープレートに交換した後も、フォーリーは外交官用のものを使い続けていた。

スウェイドはフォーリーの自宅を突き止め、三日間観察した。フォーリーの薄くなりつつある白い髪や中高年らしい太鼓腹などの特徴を目に焼きつけた。守衛もおらず、監視カメラもないことや、家の正面と側面に沿った低い壁が容易な侵入路と豊富な潜伏場所となり得ることなども観察した。そしてフォーリーの毎朝の行動パターンをメモした――早朝に起き、犬と散歩をし、午前七時二〇分きっかりに常に一人きりでメルセデスの運転席に座ってオフィスへ出勤していくこと。

ついに十月二十八日、街のモスクの時報係が夜明けの礼拝への呼びかけをしているころ、リビア人のスウェイドとそのパートナーは人から借りたヒュンダイ社製の車に乗り込み、スウェイドの膝の上の小さな肩かけ鞄に拳銃と覆面用の布を隠し持って、アンマンの西部地区へと向かった。フォーリーがスパイだったのかどうか、スウェイドにはわからなかった。だがねらいはアメリカ人を殺すことであって、今やそのチャンスだった。

「彼を殺すのは簡単だと思った。たったの数発で十分だと」と、スウェイドはアブー・ハイサムに言った。

スウェイドは壁を乗り越えた地点と、フォーリーが家から出てくるまで隠れていた場所をアブー・

ハイサムに示した。そして無言のままフォーリーを撃ち、確実に致命傷を負わせようとふたたび撃ったことを回想した。続いてフレイハトがヒュンダイ車をアイドリングさせて待機していた地点を指し示し、その後二人がマルカ地区へ急いで取って返し、途中でいったん止まって汚濁したザルカ川に拳銃を投げ捨てたことを説明した。そして自宅で着替え、一〇時ちょうどの開店に間に合ったのだ、と。

アブー・ハイサムは熱心に耳を傾け、そして再度、初めて暗殺の知らせを受けたときから頭を悩ませていた疑問をぶつけた。

「なぜだ？」

「やったのは、アル＝カーイダとザルカウィのため」とスウェイドは言った。

ザルカウィは本当にかかわっていたのだろうか？

ヨルダン当局は二週間近く経ってから、ようやく二人の男の逮捕のニュースを明かし、公式にこの殺人事件とザルカウィの関係を認めた。おそらく実行犯と、ヨルダンで急速に知名度ナンバーワンになりつつあったお尋ね者のザルカウィとの関連について、さらに有力な証拠をＣＩＡが見つけてくれるのではないかとの期待もあっただろう。だが現状では、当局が主張するザルカウィの役割は拷問によって自白を強要されたものだと弁護士が新聞相手に語ったことから、ヨルダンの市民の多くはむしろそれを信じようとしていた。

捜査官らは、傍受したスウェイドとイラクの連絡係との間の通話の詳細をリークして対抗しようとした。その連絡係はムアンマル・ユセフ・アル＝ジャグビーアという、ザルカウィの弟子であることが確実な男だとされた。ジャグビーアも何年かのちにイラクでアメリカ側によって逮捕・拘留され、その供述はヨルダン側の主張を裏づけることになった――すなわちザルカウィ自身がスウェイドをヨルダンへ派遣したのであり、五万ドルの資金と、アメリカ人どもを――どんなアメリカ人でも構わない――見つけて殺せとの指示を与えたというのだった。

しかし奇妙なことに、ザルカウィは結局フォーリー暗殺の責任を認めることはなかった。アメリカ人多数を含む何百人というほかの殺人を自分の手柄にしたというのにだ。イラク東北部にいた当時のザルカウィを知るイスラーム主義過激派らは、ザルカウィは関与していなかったと断言している。

ネイダ・バコスはリアルタイムで機密情報に触れていたCIAの分析官の一人だったが、鍵となる疑問点のいくつかが結局は完全に解消されなかったと言う。

「証拠は曖昧でした。私たちもザルカウィの役割は確信していたんです、情報の分析結果としては。でもそれで犯罪を立件できるかというと、それは別の話というわけです」と、バコスはのちに語った。

それでも分析結果は行動に移るには十分すぎる根拠となった。海外で公務に当たるアメリカ政府職員に対し、重大な犯罪が行なわれたのだ。そしてザルカウィが少なくとも共謀していると信じるべき理由があった。

正義は貫かれねばならなかった。それはザルカウィ本人を捕まえることを意味していた。そしてあの二〇〇二年の晩秋の数週間、幸運なことにアメリカ政府は知っていた――ザルカウィがまさにどこにいるかを。

6 「必ず戦争になるぞ」

二〇〇二年の夏、やがてイラク北部でCIAきってのスパイになる男がこの国へやって来たときに、ザルカウィと呼ばれるテロ容疑者のことはほとんど聞いたこともなかった。だがものの数週間で「サム」ことチャールズ・ファディスはそのヨルダン人の潜伏場所を突き止め、メートル単位で照準を定められるほど正確に居場所をつかんでいた。[1]

このときこそ、ザルカウィを追い詰める最大のチャンスだった。

ペンシルヴェニア州南西部、アパラチア山系の丘陵地帯出身のファディスは、身長一八八センチメートル、海軍大佐の息子で、CIAの工作員の一隊とともにイラクに潜入した。目的はイラク軍部隊とイスラーム主義過激派組織のアンサール・アル＝イスラームに関する諜報活動だ。この変わり種の民兵組織はイランとの国境地帯に根を下ろし、アル＝カーイダとも緩やかな関係を保っていた。ファディスはすでに四十七歳で弁護士でもあったが、自ら強く望んでこの任務に就いた。九・一一米国同時多発テロを受けて、なんとか自分も戦いの現場に身を投じたいとやきもきしていたのだ。ファディスはテロ防止活動や中東での勤務経験が豊富で、さらにトルコ語に堪能なこともあり、このミッションのリーダーにうってつけの人物だった。今、ファディスの諜報部隊は隠れ家に住みながら、アンサール・アル＝イスラームの基地を偵察していた。そこにはザルカウィとアフガニスタンから逃れてきた数十人の聖戦主義者《ジハーディスト》が身を寄せていた。ファディスらはクルド人風な服装に身を包み、ときには基地の間近まで忍び寄り、周囲を見張る戦士たちの長い顎ひげと肩にかけたＡＫ‐47自動小銃がはっきりと見えるほどだった。

偵察の対象となった村はとてつもなく辺鄙な場所にあった。アフガニスタンから逃れたザルカウィがたどり着いたこのサルガトという寒村は、イランとの国境へ続くわだちだらけの泥道上にあるイラク側最後の集落だった。数キロ北西にはハラブジャがある。二十世紀後半の残虐きわまりない大量殺戮《さつりく》事件の現場として、永久に記憶されることになった町だ。一九八八年三月十六日、サダム・フセインがクルド人住民を致死性の神経ガスで攻撃し、最大五〇〇〇人とも言われる成人男女と子供たちを殺害した。一般市民に対する史上最悪の化学兵器攻撃だった。その後、この地域はついに完全な復興を遂げることはなかった。一九九一年の湾岸戦争以降は、米軍機が毎日偵察飛行を行なったおかげでイラク軍の軍用機や戦車はクルド人居留地に近づけなかった。しかし中心となる権力機構を欠いていたため、在地の民兵組織や軍閥が台頭し、イラク軍の地上部隊と、あるいは民兵組織同士で、小競り合いを続けていた。

ザルカウィがやって来たころには、アンサール・アル＝イスラームの民兵たちがすでにクルマルの町をはじめとしていくつかの小村を含む小さな占有地を確保しており、その地域を彼らはタリバン並みの峻烈さで支配していた。表向きはイラク政府とクルド人の反政府民族主義グループのどちらとも戦争状態にあったこの一団は、丘陵地帯の中腹に防衛施設を構築し、峠の山岳路だけでなく国境を越えてイランへと続く脱出ルートをも見下ろす位置を押さえていた。サルガト村の中核的な防衛基地は七棟の小さな建物で構成され、わずか一台の発電機以外には暖房も電気もなく、黒い旗印で飾り立てた土壁と塹壕に囲まれていた。別の軽量ブロック製の一群の居住施設がザルカウィの部下たちの住居や訓練施設となっていた。彼らはクルド語をしゃべるアンサール・アル＝イスラームの戦士たちとはほとんど交わろうとはしなかった。地元の住民たちの回想によれば、さまざまな国からやって来た雑多なアラブ人の集団だったが、言動や服装については一様に厳格な見解を抱いていたという。のちに振り返って、不満を漏らす村人たちもいた。ここは男女を問わず長時間屋外で家畜や農作物の世話をする農村共同体である。ザルカウィらイスラーム主義過激派が掲げたさまざまな規則は実際的でなかったのだ。

「畑や菜園で働くというのに、身体を覆う衣服やガウンを着ろと女たちに強要したんだ」と、ある男性はアンサール・アル＝イスラームの民兵らが立ち去った数カ月後、テレビのリポーターに不平を言った[2]。

だがＣＩＡの関心は、イスラーム主義過激派らの宗教上の規範とはほとんど無縁だった。アル＝カーイダがアフガニスタンから追われた今、ビン・ラディンとのつながりを――たとえわずかでも――持っている既存の民兵組織のなかではアンサール・アル＝イスラームこそが最大勢力なのだった。チャールズ・ファディスの任務は、このイラクの占有地に暮らすアラブ人民兵たちと地元のイスラーム主義過激派らを合わせた勢力の力を推し量ることだった。そしてもし可能なら、アンサール・アル＝イスラームの民兵らがイラク軍部隊と連携しているか、しているとすればどのようにかも、見極めることだった。アル＝カーイダとイラクが過去に結託していたかどうかにかかわらず、サダム・フセインがテロリストらを手先に使って欧米に一撃を加えるのではないかと、ホワイトハウスは不安を抱いていた。クルド人協力者たちは、アンサール・アル＝イスラームの訓練キャンプに化学兵器があるのを目撃したという。これは将来的なテロ攻撃のためにサダム・フセインがイスラーム主義過激派らを武装させているのではないかと、ホワイトハウスは疑念を深めることになった。

これに対し、ＣＩＡの諜報部隊のリーダー、ファディスは懐疑的だった。ファディスはこの地域で何年も過ごした経験のある男だ。一九八〇年代に二〇〇〇ものクルドの村々と二〇万人近いクルド人を消し去ったイラク政府の長年の大量虐殺の政策を受けて、独裁者サダム・フセインに対してほぼすべてのクルド人がいかに激しい憎悪を抱いているか、ファディスはよくわかっていた。どんな理由であれ、クルド人民兵らがサダム・フセインと組むことなど想像し難かった。

それでもファディスは部下たちには偏見を持つなと伝えた。

「いいか、サダムがアル＝カーイダと寝ているという確たる極秘情報を得られれば、それはものすごいことだ」と、ファディスは二〇〇二年夏のある作戦会議で部下たちに言ったことを覚えている。(3)「だが実際にそうだという確実な証拠を手にしない限り、それをほんのわずかでもにおわすようなことをおれたちは絶対に口にしてはだめだ。おれたちは噂やガセネタを真実だと言いくるめるようなことはしないぞ」

ファディスら諜報部隊は八人の男たちで構成され、いずれも従軍経験が豊富で、二人はCIAの「特殊活動部」と呼ばれる秘密の準軍事部隊のメンバーだった。彼らの根拠地は親米的なクルド人から提供された小さな家で、アンサール・アル=イスラームの訓練キャンプから数キロのところにあった。この家は作戦本部と男たちの住居を兼ね、彼らはおおかたの日々をここから偵察に出たり、クルド人協力者が捕らえてきた民兵の捕虜らの尋問を行なったりして過ごした。彼らは驚くべき数のアンサール・アル=イスラームやアル=カーイダの捕虜たちと接した――八人のアメリカ人工作員らは何十人もの捕虜を尋問することに成功したのだ。そして新しい証言が得られるたびに、日々膨らみゆく機密情報のデータベースと照らし合わせた。そうした膨大な情報は、捕縛した者らに対するこれまでの尋問や、工作員らが自らアンサール・アル=イスラームの訓練キャンプを偵察して積み上げてきたものだった。そして彼らが見出したことは、何百件も極秘電子文書となって、ファディスの衛星携帯電話からヴァージニア州ラングレーのCIA本部へと送信された。

アフガニスタンから逃れてきた連中――おおかたアラビア語を話し、世の中について初歩的な教育と知識のある男たち――と、アンサール・アル=イスラームの戦士たちとなっているクルド人の素朴な農民や山羊の番人たちとの間には大きな落差があった。ファディスはそのことにすぐに気づいた。それでもその二種類のグループはテロ活動については同じイデオロギーとノウハウを共有していた。そして両者は協力してこのイラクの山岳地帯にアフガニスタンのミニチュア版をつくり出そうとしてきた。つまりイスラーム神権政治による支配であり、過酷な規律を銃と剣で強要した。

アンサール・アル=イスラームの民兵らには、たしかに恐るべき秘密があることをファディスは知った。毒薬を貯蔵し、将来的に国外でのテロに使えないかと実験を重ねていたのだ。CIA工作員らによる尋問と、適所に配置したスパイの力もあって、アンサール・アル＝イスラームが毒物に入れ込んでいることが判明した。民兵らは何十ガロンという量の猛毒の化学物質の入手に成功し、そこにはシアン化合物や、きわめて致死性の高いリシンを製造するためのトウゴマの実も少量含まれていた。いずれの成分も容易に合法的に購入できるものばかりで——たとえばシアン化カリウムは写真の現像に使われている——民兵らが実際に化学兵器を製造するための装置やノウハウを持っていることを示す兆候はなかった。それでも、実験にはかなり熱が入っているようだった。間に合わせの実験室の中では、素人技師たちがシアン化合物をスキンクリームや化粧品に混ぜて込んでいた。野良犬で実験しているとの噂も、のちに廃墟となった基地の跡地でビデオテープが発見されて確認できた。

「連中の能力はお粗末だが、野望はとてつもない。やつらは血に飢えている。これは冗談ごとではない」——ファディスは当時そんな思いだったと回想した。

ホワイトハウスを悩ませていたもう一つの疑念——イラク軍が何らかの形でイスラーム主義過激派を支援しているのではないか——という点はさらに簡単に解消された。ファディスの部隊はアンサール・アル＝イスラームの基地周辺で、イラク側工作員とおぼしき者らの足取りをつかんだ。そして彼らがサダム・フセインの恐るべき諜報機関のメンバーであることを確認できた。しかし彼らもファディスとまったく同じことをしていることが間もなく判明した——民兵らに対する諜報活動だった。イラク側は遠巻きに観察しながら、情報提供者のなり手を探していた。だが誘いに乗るのは危険だった。アンサール・アル＝イスラームはこれまでもスパイとおぼしき者らを毒殺し、斬首した頭部を基地の外の杭に刺して見せしめにしてきたのだから。イラク側はイスラーム主義過激派らと手を結ぶどころか、彼らにおびえているようだった。

だがブッシュ政権はどこであれアル＝カーイダと同盟関係にあるテロリストは追い詰めてつぶすと公言しており、ファディスにとってはアンサール・アル＝イスラームのグループがまさにそれに該当した。ファディスはヴァージニア州ラングレーのCIA本部への電文の中で、アメリカにとって「絶好のチャンス」だと書いた。アンサール・アル＝イスラームは大それた国際的なもくろみを持つテロリスト組織だ。しかもアル＝カーイダとのつながりが明らかな何十人ものアラブ人民兵を庇護している。さらに憂慮すべきことに、ヨーロッパやアメリカの都市部で使われれば大惨事を引き起こしかねない毒物を保有している。しかし——とファディスは続けて書いた——この脅威は根こそぎ排除することができる、それもねらいすました一撃で。

「われわれはイスラーム主義テロリストの誰がどこで寝ているかまで完全に把握していました。すべての銃のありかも、文字どおりマシンガンの銃座一つひとつ、迫撃砲の設置位置に至るまでです」と、ファディスはCIA本部へ送った詳細な報告について、のちにそう説明した。

しかも最大の優位は、「われわれがそこにいることを相手は誰一人として知らなかったことです」とファディスは言う。

ファディスの期待どおり、電文はワシントンで波紋を呼んだ。まずラングレーのCIA本部で、続いて国防総省で、対応策を協議する一連の会議が開かれた。国防総省では、スタンリー・マクリスタルという四十八歳の陸軍准将——間もなくイラクで米軍特殊部隊のトップとして名を馳せることになる男——に基地攻撃の選択肢を提案するよう求めた。マクリスタルが出した一案は、ミサイルの集中攻撃でイスラーム主義過激派一味を叩き、続いて米軍とクルド人の特殊部隊の合同チームがヘリコプターで攻撃したのち、生産中の生物または化学兵器の証拠を手に入れる、というものだった。

この作戦は実行可能と見られたが、ブッシュ政権内では襲撃命令を下すべきか意見が割れた。ラムズフェルド国防長官は攻撃に賛成したが、国家安全保障問題担当のコンドリーザ・ライス大統領補佐官を含むほかの首脳部は反対意見を述べた。反対者たちによれば、ブッシュ政権はすでにイラク侵攻計画を綿密に練り上げつつあり、イラク領土内へ何らかの攻撃を行なえば紛争が拡大し、予定よりも早く開戦に至ってしまう恐れがあるというのだ。作戦計画のほかの批判者たちは、単純にマクリスタルの案があまりに大々的なことを懸念した。上司の一人は不満を述べた——「侵略作戦並みの規模じゃないか。君だって特殊部隊の出身だろう。連中はもう小規模な作戦はできなくなってしまったのか？(4)」。

ブッシュは計画を却下することにした、当面は。

「腹にパンチを食らった気分でした」と、ファディスはのちに語った。「われわれは全員、命がけでやっていたというのに。作戦が採用されなかったとき、それがどういうことを意味しているか、その場ですぐにわかりました。今、おれたちは引き鉄《がね》を引かない。そしてようやく引き鉄を引けるときが来たときには、重要な標的はもうここには居ないだろう、と」

ファディスは再度説得を試み、戦闘の大部分を現地のクルド人部隊に任せるという、より控えめな作戦を提案した。空軍機の多少の援護と、一五〇ミリ迫撃砲を何門か、それにＣＩＡのチームがロジスティクス面で支援すれば、現地の連中だけでアンサール・アル＝イスラームの基地を破壊できる、そうファディスは主張した。

ファディスは懇願した――「頼むからB‐52型爆撃機を二機だけでもよこしてくれ。それか迫撃砲だけでもいい。そうすればおれたちで片づけてみせる。明日よこしてくれれば、明後日には片づける。アル＝カーイダもアンサール・アル＝イスラームも、おれたちがここにいることなど、これっぽちも気づいてないいんだ。完璧な隠密《ステルス》作戦だ」。

CIA本部からの返事は変わらなかった。

ファディスによれば次のような乗りの悪い返事が来たという――「サム、言いたいことはわかった。でもとにかくそういうことだ、としか言いようがない。ついでに言えば、どうやら君よりも大統領の方が偉いということだ」。

偵察を継続せよとの命令を受け、ファディスと部下たちはイラク北部にとどまった。一方、ザルカウィは攻撃も妨害も受けずに人的ネットワークを自由に構築することができた。当時、CIAの幹部たちはザルカウィというヨルダン人が日増しに危険な人物になりつつあることを理解していた。テネットCIA長官ものちに指摘したように、イラク戦争の開戦前夜のこの時期、ザルカウィが活発に動いていることは明らかだった。採用した新兵らをアンサール・アル＝イスラームのキャンプで訓練すると同時に、中東やヨーロッパ各国の首都に使者を派遣し、資金、志願兵、そして同盟相手を探していた。「ザルカウィはヨーロッパ中に広がるアルジェリア人、モロッコ人、パキスタン人、リビア人など、アラブ人過激派と関係を結ぶことに成功した。われわれが数カ月かけて倦むことなくその人脈をたどった結果、ザルカウィと結びついたテロリストの下部組織が三〇を超える国々で特定できた」と、テネットはザルカウィについて回想録に記している。[5]

この事実を知らされたブッシュ政権は、ザルカウィとアンサール・アル＝イスラームに対する攻撃の可否について、最終的な議論の場を設けた。二〇〇三年一月初旬、イラク戦争開戦のわずか二カ月前。イラク侵攻を正当化する論拠を説明するために、コリン・パウエル国務長官がのちに語り草になった国連安保理における演説を行なう、その数週間前のことだ。ブッシュ政権の歩みを描いたジャーナリストのピーター・ベイカーの名著『デイズ・オブ・ファイヤー（*Days of Fire*）』の記述によれば、ホワイトハウスの高官たちは世論を味方につけることこそがもっとも重要な戦いだと考え、その路線から逸れるものはどんな動きであれ消極的だったという。[6] 過激派の拠点を今この時点で叩いてしまうと、来るべきパウエル国務長官の演説の柱の一つを切り崩すことにもなってしまう——つまりイラク領内にテロリストのネットワークが存在するという点だった。

ベイカーの描写によれば、「そんなことをしたら私の説明は吹き飛んでしまう」とパウエル国務長官は言ったという。しかもこう付け加えたと——「われわれはどうせ数週間後には［アンサール・アル＝イスラームを］やっつけてしまうんだから」と。

ブッシュ政権がいまだザルカウィの基地に対する攻撃の可能性を議論していた二〇〇三年一月二十三日、米軍将官らの使節団が異例にも隠密裏にアンマンに到着した。米中央軍司令官のトミー・フランク大将が空港に降り立ったとき、記者団は遠ざけられ、使節団がヨルダン当局高官らと会談した際にはアブドゥッラー二世国王が同席したかどうかも含め、ヨルダン王宮は詳細について報道規制を敷いた。のちになって、匿名の軍関係者らは慎重な言葉遣いでこの訪問の目的を西側メディアにリークした。それは、イラクに対する開戦がわずか数週間後に迫るなか、アメリカは最新型のパトリオット・ミサイル防衛システムをヨルダンに提供する準備を進めている、というものだった。いざ開戦となったときに備え、ヨルダン王国の支持を固めておきたかったからだという。

「検討中だ」と、ヨルダンを訪問中のアメリカの使節団の一員は地元のジャーナリストに語った。実際は、ミサイル用の砲台は間もなく最新のF-16戦闘爆撃機六機とともにヨルダンへ送られ、隣国で起ころうとしている戦争に備えてヨルダンの防衛力を格段に強化することになっていた。(7)

だがこのアメリカからの支援はヨルダン側からすれば高くついた。ブッシュ政権はすでに何カ月も前から、イラクのサダム・フセイン大統領を打倒する計画を支持せよと、ヨルダン側に圧力をかけていた。締めつけは前年の晩夏から始まっていた。二〇〇二年八月一日、アブドゥッラー二世国王がブッシュと主要補佐官らとホワイトハウスで会談したときのことだ。ふだんは愛想のいいテキサス男のブッシュは冷たく、堅苦しい態度だったと、のちに国王はその様子を語った。折しもイギリスの新聞に載った国王のコメントに大統領は機嫌を損ねているのだと、ブッシュの補佐官らは国王に忠告した。国王はブッシュ政権が「イラクに取り憑かれている」と批判し、「中東で本当にパンドラの箱を開けてしまうような」戦争を始める気でいる、とコメントしたのだった。(8)

大統領執務室《オーバル・オフィス》で国王を迎えたブッシュは、氷の塊をガリガリと噛みながら、自分はまだイラクに侵攻するかどうか決めてはいない、と言った。「決めたら、必ずあなたには知らせる」とブッシュは言った。そしてイラクのサダム・フセイン大統領のことを対決すべき「悪党」と呼んだ。「二〇年後、私が彼との対決に怖気づいて逃げたなんて、世間に思われたくないんでね」と。

その日の後刻、ブッシュはふたたびイラク問題を取り上げた。そのときはサダム・フセインと対峙することは道徳的な、さらには宗教的な、義務ですらあると指摘した。

「あなたも私も、偉大な父親を持った。そしてあなたも私も、神を信じている。われわれ二人には正しいことをするチャンスがあるんだ」と、ブッシュの言葉をアブドゥッラー二世国王はのちに回想した。

国王は衝撃を受けた。彼もサダム・フセインは軽蔑していたし、強大な米軍ならばあっという間にイラクの独裁者の軍隊を壊滅させ得ることもわかっていた。しかもアフガニスタンでのタリバンに対するアメリカの攻勢に関しては、国王は世論の同意も待たずに支持を表明していたし、ウサマ・ビン・ラディンの捜索にヨルダンが協力することさえ自ら申し出てもいた。それでもなお、イラクの専制君主に対する戦争は取り返しのつかない過ちになると、アブドゥッラー二世国王は確信していた。たとえサダム・フセインのような嫌われ者が相手だとしても、米軍がアラブのリーダーを攻撃しようものなら、中東全体を激昂させ、ヨルダンも大きなリスクを負うことになるはずだった。だがブッシュがすでに腹を決めていることは明らかだった。首都アンマンに戻ると、国王は補佐官たちに覚悟しておくようにと告げた。「必ず戦争になるぞ」と国王は言った。

晩夏から秋にかけて、急激に迫りつつあった陣太鼓の音とともに、戦争計画を支持せよとのブッシュ政権のヨルダンに対する要請も切迫したものになっていった。アメリカの政治家と将官たちが陸続とアンマンを訪れ、イラクとの長大な国境地帯への米軍部隊の展開や、イラクを空爆する米軍機のヨルダン領空内の通過を認めてくれと、国王に迫った。ディック・チェイニー副大統領は自らアブドゥッラー二世国王に電話を入れ、ヨルダンをバグダード侵攻の跳躍台にさせてほしいと求めた。開戦に備えて議論が加熱するなか、フォーリー暗殺の衝撃はあっという間に薄れていった。

最終的に国王は中道路線を選んだ。父親のフセイン前国王が湾岸戦争に反対したことは周知の事実で、それはアメリカばかりか主要なアラブの同盟諸国との関係も後退させた。それでもアブドゥッラー二世国王も、ヨルダン国民の圧倒的多数が不当だとして拒んでいる紛争に反対の姿勢を貫こうとし、米軍部隊が大々的にヨルダンに入ることは認めようとしなかった。だがその一方で、国王はアメリカを舞台裏で支援することには同意し、それは主として小規模な米軍特殊部隊が行なう隠密作戦という、決定的に重要な場面にかかわるものだった。

パトリオット・ミサイルの受け入れは土壇場での決断だった。表向き、イラクのスカッドミサイルの誤射でヨルダン領内に脅威が及んでも、この防空システムがあれば国民を守れるのだと、ヨルダン国王は言うことができた。だが事実としては、米軍の侵攻への報復としてイラクがイスラエルを攻撃する可能性があり、アメリカ側はそのために予備的な防護策を講じておきたかったのだ。これもまた、開戦が近づきつつあることの証左だった。

アブドゥッラー二世国王はのちにこう認めている――「私は戦争に反対し、巻き込まれないようにするという綱渡りを試みた。だが私は一つだけ確信していたことがある。それはこの戦争が長引けば長引くほど、悲惨なことになるということだった」[9]。

7 「名声はアラブ中に轟くことになる」

世界が初めてザルカウィを知ったのは二〇〇三年二月五日、アメリカのコリン・パウエル国務長官の国連安全保障理事会に対するスピーチが始まって六一分目のことだった。イラクを攻撃すべきことを説こうとした七五分間の演説の中で、その断定調の一文もほかの部分と同様、事実としては間違っていなかったが、ひどく的外れだった。

「イラクは今日、ザルカウィが率いるきわめて危険なテロリスト・ネットワークを庇護している。ウサマ・ビン・ラディンとそのアル=カーイダの補佐官たちの仲間であり、かつ協力者でもある人物だ」とパウエルが話し出すと、すぐにひげ面のザルカウィの画像が安保理の円形の議席の背後にある大画面に映し出された(1)。

職場のテレビで見ていたCIAのネイダ・バコスは、そのせりふを耳にして思わず身がすくんだ。たしかに、ザルカウィはイラク北東部の辺鄙な山地に暮らしていた。ただしイラク軍の力の及ばない地域だ。サダム・フセインがザルカウィに避難場所を提供しているとの指摘は、ザルカウィに関する専門家であるバコスに言わせれば、まったくもって真実ではなかった。それはグローバー・クリーブランド第二二代アメリカ大統領がアパッチ族のリーダーのジェロニモ〔一八二九頃〜一九〇八〕を「庇護していた」と言い張るようなものだった。ジェロニモはアメリカ西部のメキシコとの国境に近い辺境に根拠地を構え、入植者や米軍兵を襲撃して勇名を馳せた。

バコスは愕然として画面に釘づけになった。(2)

パウエルはしゃべり続けていた──「アル＝カーイダと通じているとの疑惑をイラク当局者らは否定している。そのような否認は端的に言って信用できない。昨年、アル＝カーイダと関連のある人物がイラクの状況は──彼の言葉を使えば──『良好だ』とうそぶいていた。バグダードを通行するのは容易だ、と」。

たしかにそのとおりだった。だがテロリストらはイラク当局の共謀によって通行権を得ていたのか、それとも腐敗と無能で悪名高いイラクの国境警備がいい加減なだけなのか？

イラク問題に精通した者から見ると、パウエル国務長官の演説はお見事なパフォーマンスであり、イラク侵攻に好都合な事実を恣意的に選び出して巧妙に並べて見せたものだった。パウエルはのちに、このプレゼンテーションは自らのキャリアのなかでも最大の失態の一つだったと述べた。そしてこの過ちを杜撰《ずさん》な機密情報とブッシュ政権上層部の希望的観測によるものだったとした。実際は、演説のザルカウィに関する部分は一言一句までＣＩＡの幹部職員が書いていた。何を入れて何を除外すべきかと、ホワイトハウスの職員たちと何週間にもわたって喧嘩腰の議論をぶつけた末のことだった。公平を期して言えば、パウエルはホワイトハウスの補佐官らが書いた当初の台本は言下に退けていた。それにはイラクとテロリストたちとの関係について、さらに強引な主張が含まれていたが、信頼度が不確かな情報提供者や、国防総省の特殊作戦室が拾い上げた裏づけのない噂などに基づいていた。

それでもパウエルの演説にはバコスとCIAの同僚たちを困惑させる文言が入っていた。パウエルは冒頭で、ザルカウィとアンサール・アル=イスラームの同盟者らはサダム・フセインの支配が及ばない地域で活動していると認めた。しかし続いて、「イラク政府はこの過激派組織の最上層部に工作員を送り込んでいる」と主張し、事実上イラク政府がこの集団を操っていることを示唆した。精査を重ねたCIAの報告書の中には、そんな関係が存在することを確証させるものは何もなかった。

パウエルはある時点でひと呼吸置くと、三カ月前にアンマンで殺害された外交官のローレンス・フォーリーの件に触れた。パウエルはこの「卑劣な行為」をザルカウィの仕業だとした。この虐殺事件の後、国務省は第三国を通じて――それがヨルダンだったことをのちに当局者らは認めた――イラクの情報機関と連絡をつけ、テロリストのリーダーたるザルカウィを裁くために引き渡しを要求したのだと、パウエルは言った。

「ザルカウィおよびそのいかなる関係者についても居場所はつかんでいない、とイラク当局者たちは抗弁した。ここでもやはり、このような抗弁は信用できない。われわれはザルカウィがバグダードで活動していたことを知っているのだ」とパウエルは述べた。

矢継ぎ早に繰り出される主張に、バコスは反発しようにも気持ちがついていかなかった。聞いているのが苦痛だった。機密情報の分析結果はこんな風に使われるべきではないのだ。チェイニー副大統領も日曜日のテレビのトークショーで同じような主張をしていたが、バコスはそんなときは思い切りテレビ画面に食ってかかった。フットボールの試合を見ながら、審判の判定に文句を言うような具合に。それが今、パウエルもチェイニーと同じことをしていた。のちにバコスが語ったように「私たちの判断とまるで反対のことを、事実であると公然と主張していた」のだ。

結局のところ、この演説でパウエルは評判を落とし、主要な同盟国はブッシュ政権の主張の信憑性をさらに疑うことになった。とくにイラクが大量破壊兵器を隠蔽しているとの主張が虚偽だと判明した後はなおさらだった。

もう一つの痛恨の副産物は、ずっとのちになって初めてその重みが明らかになった。それは、ホワイトハウスがたった一つの演説で、ザルカウィを無名の聖戦主義者《ジハーディスト》から世界的な有名人に、そしてイスラーム主義過激派たちの花形へと変貌させてしまったことだ。謎めいたザルカウィの画像が国連安保理の大型スクリーンから世界の首脳らを睨《ねめ》めつけているその光景に、この男はいったい何者かと、多くの記者たちが慌ててコンピュータ端末に飛びついた。新聞記者やテレビのレポーターらが大挙してヨルダンへ押し寄せ、ザルカウィの横顔を紹介し、かつての知人だという人たちを取材した。ザルカウィというテロリストが若き日々を過ごした砂埃舞うザルカの町に、地元出身の新たなスターが誕生したのだった。

こうしたザルカウィの変貌をことさら苦々しく見つめていたのは、この男の首に鈴をつけておこうと長年苦労してきたヨルダン当局者たちだった。国連安保理の議場でパウエルの背後にザルカウィの写真が映し出されたとき、ヨルダンの当時の総合情報部《ムハーバラート》長官、サミヒ・バティヒは怒りを爆発させた。

「たわごとだ！」とバティヒは叫んだ[3]。

パウエルがテレビ画面に現れてザルカウィについて語り始めたとき、かつてその男を更生させようとしたこともあった若きテロ対策担当職員、アブー・ムタズは同僚と死海のほとりのホテルのバーにいた。

「ほとほとうんざりでした。『なんてことをしてくれるんだ？　どこからあんな理屈が出てくるんだ？』と疑問が頭を離れませんでした。そのうち、これは政治なんだと自分に言い聞かせました。単なる政治なんだと」と、アブー・ムタズは語った[4]。

アンマンのザルカウィの旧友や仲間たちでさえ、事態の意外な展開に驚嘆する者もいた。ジハーディストらの主義主張を宣伝するウェブサイトでは、イスラーム主義過激派たちがザルカウィの偉業について逸話や噂話を競うように載せ、ブロガーたちはザルカウィの勇気と男らしさを賛美したと、ハサン・アブー・ハニエーは当時を回想する。アンマン出身のハニエーは、イスラーム主義過激派から著述家に転じた男で、一九九〇年代にザルカウィと交流があった。

ハニエーは言う――「コリン・パウエルはあの演説でザルカウィに人気と悪名を同時にもたらした。ザルカウィなんてまだほとんど誰も知らないときに、この男は重要人物だと、世界最強の政府の国務長官が公言したのですからね。こうなればもうザルカウィの名声はアラブ世界中に轟くわけです。イラクやシリアから北アフリカ、そしてアラビア半島へと。ザルカウィがいるからと、多くの連中が続々とアル＝カーイダに加入していきました[5]」。

現代の巨大な皮肉の一つだと、ハニエーは言う。ホワイトハウスはテロに対する戦争で新たな戦端を開くため、無名のザルカウィを口実にしようとした。それがかえって今世紀最大のテロリストの誕生へと、道を開いてしまったのだ。

「そしてザルカウィはお返しをした。ホワイトハウスが警告したテロの可能性をすべて現実にしてみせたのです」と、ハニエーは言い添えた。

二〇〇三年三月、イラクへの侵攻開始から一週間以上も経ってから、ブッシュ政権はようやくアンサール・アル＝イスラームの訓練キャンプへの攻撃を許可した。そのころ「サム」ことチャールズ・ファディスはイラクの別の地域にいた。何十発ものトマホーク・ミサイルがサルガト村の施設内に撃ち込まれ、建物を木っ端微塵にし、イスラーム主義過激派らが毒物を合成するのに使った器具類も破壊した。米軍特殊部隊は何百人というクルド人民兵の支援を受け、イスラーム主義過激派の残党を丘陵地帯へ追いやった。なかにはほうほうの体で国境を越えてイランへ落ち延びた者もいた。米兵らが死者や捕虜からパスポートや身分証明書を回収したところ、その国籍はアルジェリアからイエメンに至るまで、十数カ国に及んでいた。だがザルカウィは影も形もなかった。のちにほかのCIA工作員らが確認したところでは、そのころザルカウィは米軍の到着を待ち構えようと、すでにバグダードへ移っていたという。

粉砕されたアンサール・アル＝イスラームの訓練キャンプへ入った最初のアメリカ人のなかには、ファディス率いる八人の監視チームのメンバーだった者もいた。その人物はファディスへの報告の中で、破壊された基地の様子と、チャンスをみすみす逃した沈鬱な思いを語った。

「重要人物は全員われわれの到着前に立ち去っていた。残っていたのは下っ端の戦士たちばかり。捨て駒だ」と、そのCIA情報部員はファディスに伝えた。

「まったく無駄だったわけではない。だがおれたちは仕留め損なったのだ」と彼は言った。

第2部

イラク

8　「もはや勝利ではない」

イラク人の情報部員はふたたび泣き出した。テーブルの向こうの端に座り、手錠をかけられた両手に頭を埋め、人目もはばからずにむせび泣いていた。その声は尋問室の代わりとなっている小型トレーラーの車外にまで聞こえるほどだった。泣きじゃくるうちに言葉も聞き取れないほどになった——仮に言葉を発していたのだとしても。

ネイダ・バコスは男が落ち着きを取り戻せるかどうか、間をとってみた。暑苦しい車内の一室は汚れた服と汗のすえた臭いがした。一台しかないエアコンは摂氏四三度というイラクの暑さに対してむなしく唸り声を上げていた。バコスは心身ともに疲労困憊していた。だがこの男と違って感情に流されまいと決意していた。

バコスはもう一度、落ち着いて質問を繰り返してみた。(1)

「ザルカウィが国内にいたことを知っていましたか?」

するとまたむせび泣きだ。最近までサダム・フセイン政権の情報機関の上級部長だったハサン・アル＝イズバーはすでにぼろぼろだった。そしてこんな状態になってしまったのは恐怖心なのか恥辱なのか、はっきりしなかった。バコスの質問を丁寧に復唱するイラク人通訳にも、戸口から見ているアメリカ人憲兵にも、顔を向けようとはしなかった。バコスに対しては彼女がいる方向さえ見ることができない。まるでＣＩＡのアメリカ人尋問官――しかも女性ときている――の前にいるだけで、想像を絶する屈辱的な仕打ちだとでも思っているかのようだった。

バコスはやり方を変えてみた。

「イラクの情報機関《ムハーバラート》とザルカウィの間にはどのようなコンタクトがあったのですか？」

沈黙。この手もだめだった。

バコスの視線の先にあるものはどれをとっても気が滅入るばかりだった――単調な色のトレーラーの内壁、廃品を集めた家具、兵士たちの緑と茶色のまだらの迷彩服、捕虜のわななく顎を覆う白いものが混じった無精ひげ。バグダード陥落から数週間、バコスが米軍占領下のイラクを初めて直接目にしてまだ一カ月足らずだった。今、彼女はバグダード北方の爆弾で穴だらけになった空軍基地で日々を送り、イラクの情報機関で最近までスパイ工作を行なっていた男たちから機密情報を引き出そうとしていた――愛嬌、狡猾、脅しと、持てる限りの技を組み合わせて。

フラストレーションのたまる仕事だった。容赦のない残忍さを要する任務だというだけではない。バコス自身、軍にも警察にも勤務したことがないだけに、経験不足を感じていたがそれだけでもない。バコスの神経にもっともこたえたのは、ホワイトハウスやＣＩＡ本部が指定してくる質問だ。そんなものは存在しないとバコスにはわかりきっているというのに、探り出せとますます強硬に求めてきていたのだ。

バグダードの空気は変わりつつあった。情報提供者に会ったりお気に入りのアイスクリーム屋に行くために、近隣を出歩くことはまだ制限されていなかったが、バコスやＣＩＡの同僚たちはそんな外出時に変化を感じ取っていた。イラクを占領して最初の数週間は、微笑みを浮かべたり、恥ずかしそうに手を振る市民の姿があった。だが、それが不機嫌に見つめ返されたり、窓にブラインドを降ろされたりといった反応へと変わってすでに久しかった。イラクでは占領に対する嫌気が急速に膨らんでいた。その間もブッシュ政権はワシントンの政敵たちと白黒つけることばかりに関心を注いでいた。ホワイトハウスの戦争遂行の道義的な根拠は腐った材木のようにぼろぼろになりつつあり、大統領補佐官たちは影響を抑え込もうとやっきになって走り回っていた。大量破壊兵器はブッシュ大統領の演説ではあれほど差し迫った脅威のように思われたというのに、四カ月の捜索もむなしく見つかっていなかった。同様に、存在するとされていたサダム・フセインとアル＝カーイダその他のテロ組織とのつながりも、アメリカ側はまったく見出すことができずにいた。議会は政府に申し開きを迫りつつあった。だから二〇〇三年の夏、少しでも証拠を見つけろと、ホワイトハウスはＣＩＡの分析官たちへのプレッシャーを一段と強めたのだった。

イラクの治安組織の元幹部たちなら、自らの情報機関が行なっていたはずの外国人との密かなやりとりを知っているはずであり、彼らとの会話から何か情報を拾えないか、そして彼らは金銭や特別な計らいなどと引き換えに口を割るのではないか——ワシントンの面々はとくにそこに関心があった。「テロリストとのつながりについてどんなことがわかってきたのか？」と、ＣＩＡ本部は答えを迫っていた。

「一向に止まる気配がない」と、バコスは驚きと困惑を感じながら内心そうつぶやいた。実際、ワシントンからの詰問は二〇〇三年を通じて続き、その翌年も、さらに次の年も続いたのだった。

ときとしてある種の突破口が見えることもあった――拘束した者の証言や、何か決定的な情報がありそうな文書の押収とか。バコスも一度、そんな瞬間に居合わせた。解放されたくてたまらなくなっていたイラク人の役人を説得し、わずかな時間だが、知っていることを明かす気にさせたときだ。

問題は、聞く耳を持つ人間が果たしてホワイトハウスにいるかどうかだった。

バコスはこの戦争には疑問を抱いていたが、それでもイラク行きを志願した。

「アメリカは侵略したんです。あとは総力戦でやるしかなかったわけです」と、バコスは当時を回想した。(2)

バコスは二〇〇三年五月、イラクに上陸した。荒っぽく、混沌としていて、ひどく不穏な感じがする、それが初めて戦場に赴任した若き情報部員としての最初の印象だった。イラクという国自体は想像していたよりはましだった。二度の戦争と一〇年に及ぶ経済制裁を経てきた割に、バグダードはほぼ破壊を免れ、バコスが訪れたことがあるほかの中東諸国のいくつかの都市に比べても間違いなく豊かだった。人に会うために車で移動中、ヤシの並木に縁取られた幅広い大通りや、手入れの行き届いた高速道路を走り、緑色の道路標識はアメリカの高速道路を思わせた。

最初の数カ月間、バコスの仕事場は尋問用のトレーラーで、食事と睡眠以外に休憩もない長い一日の連続だった。当時米軍はサダム・フセイン政権の将軍や情報機関の長官たちを何十人も拘束していた。その何人かは、秘密の大量破壊兵器の山があればそのありかを知っているはずで、イラクの支援で企てられたテロ計画があれば何らかの知識を持っているに違いなかった。

そんなイラク人たちのなかには、移民許可や現金など、適切な条件で誘惑すれば協力させることができる者もいるはずだと、アメリカの当局者たちは期待していた。なかでも今むせび泣いているハサン・イズバーこそもっとも期待を抱かせた。このイラク人は情報機関の高官だっただけではない。西側諸国でテロリストと見られているパレスチナの民兵たちとやりとりをする、イラク側の公式の窓口でもあったのだ。サダム・フセインはアラブ諸国に向けて反イスラエルの姿勢を見せつける思惑もあって、アブ・ニダル組織〔パレスチナ解放機構（PLO）から分派したテロ組織〕などの武装集団を公然と支援していた。だからサダム・フセインのスパイ機関の内部関係者の中に、イラクとテロリストたちとの闇に包まれた関係を明かしてくれる人物がいるのではないか、そしてハサン・イズバーこそその男ではないか、とアメリカ政府は考えていた――ただし、バコスが口を割らせることができればの話だ。

バコスはイラクへ来て数週間、無数のイラク当局者らと机を挟んで向かい合ってきた。だがこんな男は初めてだった。驚くほど若く――おそらく三十代後半――サダム・フセインの情報機関のおかた悪党風な工作員たちとは大きく異なっていた。拘束中に蓄えた無精ひげを除けば顎ひげもなく、イラク政府当局者がほとんど例外なく生やしている定番の口ひげさえもない。まるで欧米の企業の重役のような洗練された風貌だ。だが米軍の侵攻以前には満ち満ちていたはずの自信も、今は無気力な泥の塊のようにしぼんでしまっていた。尋問中、泣いていないときはほとんどふさぎ込んでいた。

イズバーがおびえていることはバコスにもわかった。それがなぜなのか、バコスは通訳を頼みに探ろうとした。イズバーの証言は錯綜していたが、何にも増して家族の、とくに若い息子の身の上を思っておびえていた。サダム・フセインのバアス党とその情報機関は何十年にもわたり何千人というイラク国民を殺害し、拷問にかけてきた。そして権力を奪われた今、犠牲者の遺族や親戚たちは復讐に燃えているに違いなかった。子供たちはどうなってしまうのかと、イズバーは不安だった——とくに自分が獄中にあっては。

バコスは少し考えた末に、ささやかな助け舟を出した。

「私に協力してくれたら、家族に連絡させてあげますよ」とバコスは言った。

イズバーは態度を軟化させ、バコスの申し出を思案していた。そしてうなずいて同意した。旧フセイン政権はもうおしまいだった。だからもうイズバーには失うものはなく、しゃべった方がずっと多くのものを得られる可能性があった。バコスはついにサダム・フセインの治安組織の迷宮の深奥に光を当てるチャンスを得た——その隅々までを知り尽くす男を案内役にして。

バコスはイラク政府とテロ組織との網の目のような関係をたどりながら、これまでにサダム・フセインが（少なくとも嫌気がさして殺害を命じるまで）支援したパレスチナ人やイラン人の工作員たちについて、イズバーに詳しく説明させた。しかし話題がアル=カーイダに転じると、イズバーは肩をすくめた。話すことなどない、と彼は言った。もう何年も前に、相手に探りを入れるための慎重な低レベルの接触ぐらいはあったかもしれない。だが何の成果もなかった。世俗主義政権だったイラク政府はイスラーム主義過激派を迫害し、殺害してきただけに、アル=カーイダのリーダーたちはサダム・フセインを忌み嫌っていた。あまりの不信感ゆえに、ごく初歩的な協力関係すらもあり得なかった、というのだ。

「ザルカウィはどうなのですか?」と、バコスはついに問いかけた。

「聞いたことはありました。でも何ら関係はありませんでした」とイズバーは言った。

まったくなかったのだろうか? バコスはさらに追及し、イズバーが言い淀むかどうか試してみた。

「もしあなたが会っていたとしたら、仲間に引き入れたいようなタイプの人物でしたか?」とバコスは尋ねた。

答えは単純かつ断固としていた――「ノー」。

イズバーはしゃべる約束を守った。そして今度はバコスも約束どおりにした。電話が室内に持ち込まれ、元情報機関幹部のイズバーは何週間も前に拘束されて以来、初めて妻との通話を許された。バコスは電話がつながるのを確認するため室内に残っていた。電話の向こうから相手の声が聞こえてくると、イズバーはふたたび滝のように涙を流して泣き崩れた。

イズバーの監視をアメリカ人の憲兵に委ね、バコスは静かに扉の方へと移り、そっと立ち去った。

バグダードのヨルダン大使館の外に並ぶ、ビザ申請者たちの列は木曜日にしては短かった。毎日午前一〇時前には気温が三八度に迫る八月初旬の猛暑を割り引いてもである。二〇〇三年八月七日の午前中、やって来たのはわずか数十人のイラク人で、建物の正面に沿ったコンクリート壁の日陰に身を寄せるように並んでいた。埃っぽいタクシーや古びたセダンが縁石に乗りつけては乗客を降ろしていった。その間も、すでに汗まみれの制服姿のイラク人の警備員たちが、普段にも増す勢いで身振りで指図し、怒鳴りつけている。この二四時間で警備スタッフをとらえた苛立ちの表れだった。前の日、何者かが壁越しに手書きのメッセージを投げ込み、大使館の敷地が間もなく攻撃されると警告してきたのだった。

大使館の警備部隊はこのメモを真剣に受け止めた。だがその奇妙な脅迫に煙に巻かれたようでもあった。やがてはすっかりおなじみになる類の惨状は——モスクや市場の外で炸裂する自動車爆弾や自爆攻撃——まだバグダードでは未知のものだった。それに、よりによってなぜヨルダン大使館がねらわれるのか？　何と言ってもヨルダンは隣国イラクとは深い歴史的、文化的つながりのある、アラブの兄弟国だ。しかもバグダードのもっともしゃれた界隈の一つにある、瀟洒《しょうしゃ》な二階建ての邸宅を使ったヨルダン大使館自体、主にイラク人の旅行者を手助けするのが仕事だった。ヨルダンの首都アンマンはいたって安定しており、イラクからは目と鼻の先で、休暇でショッピングに出かけたり、単に気分転換のために、古くから中流家族の人気の旅先だった。ヨルダン側が大使館を高い壁で囲ったのは、安全上の理由ではなく、ビザの人気があまりに高じて、毎日押し寄せる人びとをむやみに敷地に入れないためだった。大使館前の群衆の姿は、目抜き通りのアルバターシュ・タムズ通りを縁取るヤシの並木に劣らず、日常的な光景になっていた。

そんなわけで大使館の正門前におんぼろのグリーンの乗用バンが突然現れたとき、警戒心を抱かせたが、パニックにはならなかった。警備員らが見守るなか、車はコンクリート障壁の数メートル手前で停止。若い運転手が降りてくるなり、大使館の建物とは反対方向へ大急ぎで歩き去った。警備員らが調べようと近寄る間もない数秒後、バンの荷台に仕込まれた爆弾が遠隔操作で爆発した。

強烈な爆発に、バンの前部は渦を描いて空中高く舞い上がり、二つ先の建物の屋上に落下した。[3] 大使館の障壁を切り裂いて一〇メートルの穴を穿《うが》ち、警備員やビザ申請者らを殺害し、通りがかりの車両をぺしゃんこにした。爆発に近くの小児病院も激しく揺さぶられ、負傷者たちが救急病棟へ続々と送り込まれてくるまで、病院自体が攻撃されたと誤認する医師たちもいた。一七人の遺体が回収された。すべてイラク人で、通りがかりの車両内で子供たちもろとも焼死した家族も複数あった。黒焦げのからまった髪の幼い少女の頭部が吹き飛ばされて通りに落ちていた。見かけた通行人たちはダンボールで覆ったが、恐怖と混乱のさなか、埋めてやろうと硬い地面を一心不乱に掘り始めた。

アメリカによる侵攻開始以降、これほど純然たる民生用施設を意図的に攻撃した事例は皆無だった。バグダード中で、憤激したイラク人たちが見えない敵に怒りをぶつけた。アメリカ人のせいにする人たちもいた。爆発時、米軍のヘリコプターがミサイルを発射するのが目撃された、との噂によるものだ。一方、ヨルダン人自身を責める者もいた。ヨルダン王家は陰でサダム・フセインに逆らったことで自ら災いを招いたというのだ――あるいは、まったく逆の見方によれば、密かにサダム・フセインと共謀したからだという。大破した大使館の敷地外に集まっていた群衆はますます苛立ちを募らせ、ついには何十人もの男たちが大使館の建物になだれ込んだ。アブドゥッラー二世国王とその父フセイン元国王の肖像画を破壊し、逃げ出した大使館職員を追いかける始末だった。

当局者間でも、爆破に対する反応は群衆に劣らず混乱していた。ヨルダンの情報相は、この爆弾攻撃はヨルダン王室に反感を持つイラクの政治勢力の仕業だと推測を述べた。アメリカ国防総省のスポークスマンはアル=カーイダが背後にいると見たが、バグダードに駐在するブッシュ政権の安全保障の専門家は、アル=カーイダのいかなる関与もあり得ないとした。もっとも鋭い洞察力を示したのはルイス・ポール・ブレマー三世だった。ブッシュ政権が任命したイラクの連合暫定統治機構（ＣＰＡ）のトップだ。ブレマーの考えでは、アンサール・アル=イスラームと関連のある外国人の戦闘員たちに責任があると思われた。このイスラーム主義過激派グループはアメリカ軍によるイラク侵攻以前から、イラク北東部の辺境の山岳地帯で活動していた。そしてアメリカの情報工作員らによれば、今回のような攻撃を準備するため、このグループの一部の戦士らがイラクの諸都市に移動しているとの証拠が上がりつつあった。

「われわれは今後もさらにこのようなことを目にするのではないか。われわれはこれまで見たこともない新たな手法をイラクで目にしたのだ」と、ブレマーは自動車爆弾事件が起きた週、アメリカ人記者たちの取材に応じた中で語った。(4)

黒幕が誰であったにせよ、この攻撃はイラクの人びとや一部のアメリカ人が感じ始めていた不安を深めることになった。米兵らにとっては、イラクの市街地の定期的なパトロールがかつてなく危険になりつつあり、ほぼ毎日襲撃や狙撃手《スナイパー》の攻撃を受けた。ヨルダン大使館での爆弾事件から何時間と経たないうちに、米軍の高機動多目的装輪車《ハンヴィー》の通過をねらって道路に埋められた爆弾が爆発。米兵二人を殺害し、夜まで長引くほどの銃撃戦を引き起こした。これとは別に、歩哨に立っていた別の兵士一人も銃撃されて致命傷を負った。

ヨルダン大使館外で起きた罪のない市民の殺害事件に、イラクの庶民は見捨てられているとの感覚をあらためて深めることになった。アメリカ人の占領軍はイラクに自治権を与えることにはほとんど関心がなく、最低限の安全を提供する意思（あるいは能力）もないと感じたのだ。「サダム・フセインが権力の座にいたころは、大使館を守ることぐらいはできた。それが今や、手の打ちようもない」と、イラク警察のガティア・ザハラ警部補は、大使館の瓦礫から遺体の断片を回収している救助隊員らを見ながら、アメリカ人のジャーナリストらに語った。

ワシントンでは、政府当局者らは捜査への協力を約束する一方、今回の爆弾事件はイラク当局が管轄する国内の警察任務に属することだ、との立場を鮮明にした。安定した民主主義国家を築く途上の、避けて通れない多くの困難の一つなのだと。ブッシュ大統領は八月の休暇を一時的に中断し、国民を安心させる必要を感じた。ブッシュ政権のイラクにおける企図は軌道に乗っていると伝えなければならなかった。

「われわれは確かな前進を示してきた。イラクはより安全になった」と、大統領はテキサス州クローフォードの牧場で代表取材の記者らに告げた。[5] 米軍が最大二年もイラクに駐留する必要があるかもしれないという、ある国防総省当局者の発言について問われると、ブッシュは直接答えずにこう述べた――「テロに対する戦争に勝利するのにどれほど長くかかろうとも、この政権はそのために全力を尽くす決意だ」。

ブッシュの安全保障担当補佐官、コンドリーザ・ライスもその晩、ダラスでアフリカ系アメリカ人のジャーナリストたちと懇談し際にこの爆弾事件に触れた。イラクにおける混乱は、第二次世界大戦後、民主主義国に生まれ変わる際にドイツが経験した産みの苦しみに似ていると、ライスは指摘した。

「旧政権の残党とその他の過激派たちが進歩を阻害しようと攻撃しているのです——まさに今日、ヨルダン大使館の爆弾事件でやったように。そして多国籍軍の兵士たちは死の危険に直面し続けています。でも民主主義は簡単ではないのです」とライスは言った。(6)

この日はたしかにもっとも困難な一日に数えることができた。イラク戦争の戦闘段階が終結して以来、一日にこれほど多くの死者が出たことはなかった。そして新たなタイプのテロが出現していた。自動車に仕込んだ強力な爆発物で市民を標的にするというものだ。生まれ変わったイラクが安定と民主主義へ向かって自信に満ちて闊歩していく——ブッシュ政権が打ち出そうとしていたそんなイメージにあまりに逆行していただけに、ライスは世間の期待をむしろ抑えようとやっきになっているように見えた。

「道のりは険しいのです」と彼女は言った。

事実、ブッシュ政権関係者のどんな想像もはるかに凌駕するほど、道のりは険しかった。八月末までに、バグダードはさらに二発の自動車爆弾に見舞われ、回を追うごとに破壊力は増していた。九月にブッシュ大統領がワシントンに戻ったころには、イラク紛争の性質は劇的かつ恒久的に変わってしまっていた。

第二の爆破事件の標的となったのは、イラクの首都バグダードで、おそらく誰からも掛け値なしに好かれていたと言えるただ一人の外国人だった。セルジオ・ヴィエイラ・デメロ。イラクの国連現地本部のトップを務めた颯爽《さっそう》としたブラジル人で、まさに外交官の鑑《かがみ》。知識と経験が豊富な仲介者として、五カ国語を駆使し、どの言語でも人を魅了することができた。イラク戦争自体には正式に中立の立場をとっていたが、戦闘終結後のイラクを再建する国際的取り組みの顔だった。倦むことなくイラクの人びとのために声を上げ、食料や医薬品の配給を取り仕切り、イラク国内の政治勢力同士やイラク側とアメリカ側とのもめごとを仲裁した。二〇〇三年の晩夏、気温も緊迫度も急激に高まるなかで、誰からも「セルジオ」と親しまれたデメロは落ち着いた威厳を体現していた。どんな猛暑の日でも、トレードマークの絹のネクタイのように、くたびれたりしょげたりすることなくぴりっとしていた。

占領下のイラクを動かしていたアメリカの将軍たちや任用された民間人たちは、厳重に要塞化された各地の基地や転用された宮殿を司令部に使っていたが、そこにはしばしばデメロの姿があった。あるとき、デメロはネイダ・バコスが勤務する諜報活動の心臓部に立ち寄り、CIAの職員らに自己紹介をしたのち、アメリカ人分析官たちがちょうど内容を聞き取れないほどの距離で、幹部職員たちと礼儀をわきまえつつも率直な論戦を交えた。そんなデメロだったが、国連の事務所では、軍事的な占領を象徴するものは一切排除することにこだわった。デメロはバグダード市内のカナル・ホテルに国連の司令部を構えた。アーチ型の窓が特徴的な低層階の建物で、一九九〇年代以来、国連の諸機関が利用してきた場所だ。サダム・フセイン政権崩壊後、敷地を取り囲む壁が急造された。だが訪問者たちは、おおかたイラク人が務める警備員たちから質問されたり所持品検査をされることもなく、自由に出入りできた。ホテルの屋上には米軍の監視哨があったが、国連職員らのたっての要望で撤去させた。敷地の裏手に沿って走る細い道路の入り口はアメリカ陸軍のトラックが封鎖していたが、それもやめさせた。「多国籍軍の姿があると、私たちがやりとりをしながら一緒に仕事をしなければならない人たちをたしかに萎縮させてしまいますからね」と、国連現地本部の幹部の一人は記者団に説明した。(7)

二〇〇三年八月十九日、午後四時三〇分——ヨルダン大使館爆破事件から一二日後——デメロはホテルの三階にある執務室のデスクにいた。最近まで米軍が封鎖していた例の細い道の入り口で、一台の大型トレーラーがエンジンを吹かしているのには気づいていなかった。イラクの差し迫った難民問題について話し合うため、海外からの来客二人と国連の補佐官数人がデメロの執務室に到着したばかりだった。ちょうどお互いに紹介を終えたそのとき、爆発が建物の表側を吹き飛ばした。古い航空爆弾をもとに作った恐ろしく巨大な爆弾を、トレーラーの運転手が起爆。爆発はトレーラーを跡形もなく吹き飛ばし、国連のオフィス三階分をまるで層状のケーキにナイフを入れるかのように切り裂いた。

「爆発が起きて、私たちは空中に投げ出されました」と、海外からの来客の一人、ノートルダム大学教授のギル・ローシャーはのちに語った。(8)「たちまち三階の天井が頭上に落下してきて、今度は下に放り出されたというか、二階、そして一階へと投げ落とされたのです」

意識を取り戻してみるとローシャーは天井の瓦礫《がれき》に足をつぶされた状態でうつ伏せに倒れていた。デメロは数メートル離れて瓦礫に埋もれていたが、なんとか携帯電話を取り出して助けを呼んだ。救助隊が進路を切り開いて近づこうとしている間に、デメロは出血のためにじわじわと死に至り、この爆破事件で亡くなった二二人に名を連ねた。国連施設への攻撃でこれほど多くの犠牲者が出たことはいまだかつてなかった。

建物の残骸から発見された若き自爆攻撃犯の遺体によって、この攻撃がテロリストの手によるものであることは疑う余地がなくなった。一部のアメリカ政府当局者らが当初指摘したような、旧サダム・フセイン政権に忠実な者らによる復讐の試みではなかったのだ。爆破事件後の最初の公式声明の一つで、ブッシュ大統領は「アル＝カーイダ的なタイプの戦闘員たち」がイラクに潜入しているらしいと述べた。「連中は中東に自由な社会ができるという考えに我慢ならず、イラクでわれわれと戦おうとしているのだ」と、バグダードの爆弾事件から三日後、ブッシュは選挙資金集めのイベントで記者たちに語った。(9)

だがいったいどんな戦闘員たちだと言うのか？

連邦捜査局（FBI）のチームが瓦礫と化した国連のビルを漁り、分析できる爆弾の破片を探す一方で、国家安全保障局（NSA）とCIAの専門家たちは傍受した電話通話やテキスト・メッセージの膨大な記録をさかのぼり、爆破計画の準備にかかわる可能性があるものや、遂行後の工作員同士の会話に関連するものを掘り出しにかかった。初めてのイラクでの任務の終盤に差しかかっていたネイダ・バコスは、予備的な収集結果をふるいにかけ、ワシントンのCIAおよびホワイトハウスの幹部らへの報告書を準備する任務を任された。

NSAの通信傍受担当者らが拾い出した何本かの電話通話がすぐにバコスの印象に残った。どれも短く、雑談もほとんどなく、明らかにメッセージを伝言することを意図していた。名前や場所には触れず、ただある行為への曖昧な言及しかなかったが、祝福のように聞こえる文言を伴っていた。

「兄弟よ、今日、アラーは情け深くあられた」と通話者の一人は言っていた。(10)

CIAでは、通信のプロの職員たちが通話の電子的記録に埋め込まれたデジタル署名を手がかりに、この通話の出どころをできる限りたどった。すると、通話者たちが使った携帯電話は、スイスの販売店から盗まれたプリペイド型のＳＩＭカードを搭載していたことまで判明した。だが最終的に誰がその携帯電話を入手し、どのようにイラクに持ち込んだのかは、まったく不明だった。

バコスと仲間の分析官たちがひと息つけるまでには、まだ一〇日間の日々と、さらにもう一件の陰惨な爆破事件を経験しなければならなかった。その爆弾攻撃は以前のものよりもはるかに悪質で、バグダードではなくナジャフで起きた。シーア派の中心的な地方都市の一つで、イラクで多数を占めるシーア派にとってもっとも重要な聖廟の一つがある〔バグダード南東約一六〇キロのナジャフ県の県都で、カルバラーと並びシーア派のもっとも重要な聖地〕。

二〇〇三年八月二十九日、イスラーム教の休日の金曜日。黄金のドームを戴くナジャフのイマーム・アリー・モスクには、アーヤトッラー・モハメド・バキル・アル＝ハキムの説法を聞こうと大群衆が詰めかけていた。ハキムはきわめて大きな影響力を持つシーア派の聖職者で、アメリカのイラク侵攻からほどなくして亡命先のイランから帰国していた。穏健派だが、家族がかつてサダム・フセインの迫害を受けた。好々爺のようなハキムはよきパートナーにできる可能性があると、アメリカ軍の高官たちは考えていた。ハキムは結束と忍耐を呼びかけ、アメリカが任命したイラクの暫定統治委員会との協力にもやぶさかでないようだった。その日、恰幅《かっぷく》のよいハキムはターバンと長衣を身につけてモスクの説教壇《ミンバル》に登った。占領軍への率直な批評を述べ、イラクに安全をもたらすことに失敗しているとして非難し、ヨルダン大使館と国連現地本部への爆弾攻撃を名指しして挙げた。そして全国民の支持のもとで、イラク人自身が自らの安全に責任を持つべきだと、ハキムは語った。「イラク人の政府をつくり、完全なる主権をイラク国民の手に取り戻すため、われわれは一致協力しなければならない」

ハキムがちょうど説教を終えて迎えの車列に向かっていたとき、自動車爆弾が爆発した。すぐさま二発目も爆発。連続爆発はハキム師をひと目見ようと広場を埋めた群衆のうち、少なくとも八五人を殺害し、負傷者は五〇〇人を超えた。何千人もの参拝者や巡礼たちがパニック状態でモスクから逃げ出し、瀕死の者や負傷者たちを踏みつけて門へ押し寄せた。あれほど多くのイラク人とアメリカ人の期待を一身に受けていたハキムについては、結婚指輪をつけた片手を除き、本人を特定できるものは一切見つからなかった。

この暗殺の衝撃はあっという間にイラク全土に伝播し、数都市で抗議行動を誘発し、暫定統治機構のもとでイラクを統一するという希望をしぼませた。バグダードでは、何万人というシーア派の貧困地区の住人たちがスンナ派の暮らす界隈をデモ行進し、「バアス党支持者たちに死を！」〔バアス党はフセイン政権時代の一党独裁の政党〕「アメリカにノー！　サダム・フセインにノー！　イスラームにイエス、イエス！」と声を上げた。アメリカのケーブルテレビ各社のニュースでは、間が悪いことにその週にイラクを訪問していたドナルド・ラムズフェルド国防長官の様子と同時に、怒りに燃える抗議者たちの映像が流れた。国防総省《ペンタゴン》のトップに座るラムズフェルドはすでにおなじみになっていたせりふを繰り返し、連続テロは崩壊したサダム・フセイン政権の「先の知れた残党ども」の仕業だとし、ひょっとしてイランが支援するヒズボラ〔レバノンのシーア派政治・軍事組織で、テロ活動を行なう一方、合法的な政党としても活動〕の民兵たちがレバノンから支援しているかもしれないとした。そしてこうしたことに多少気を逸らされる以外は、イラク情勢の進展は「並外れてすばらしい」と、ラムズフェルドは言い張った。

「バグダードは商取引で活気に満ちている」とラムズフェルドは言った。[12]

一方、ぼろぼろになったモスクでは、またもや爆弾の破片やその他の手がかりの捜索が進められ、徐々に結果が出始めていた。広範囲に散乱した瓦礫の中には手製の配線や古びた航空爆弾の破片などが散らばり、それらはヨルダン大使館と国連現地本部の爆破現場で見つかったものと酷似していた。証拠は一人の黒幕がいることをますます強く示唆していた――爆弾製造の高度なスキルと、大惨事を巻き起こす決意を併せ持った何者かだ。

国防総省の国家安全保障局（NSA）はまたもや信号をつかむべくアンテナを張ったが、ついにアメリカの監視網が重要な成果を挙げた。傍受された電話通話にふたたび祝福のメッセージが含まれていた――アラーが再度「情け深く」してくれたというのだ。前回と違うのは、通話者の電話番号がCIAのデータベースに登録されている番号と一致したことだ。この通話の受け手には、国連事務所の爆破の後にも電話がいっていた。さらに、スイスで盗まれたSIMカードの山についても、CIAの捜査に進展があった。数日前にイラクで逮捕されたシリア人の男がそのカードの一枚を所持していた。男はイスラーム主義過激派を自任し、聖戦《ジハード》を行なうためにイラクへ来たことを認めた。そして、ある神聖なるヨルダン人戦士の弟子だと主張した。イラク国外の戦闘員らがザルカウィと呼ぶ男だった。

ネイダ・バコスは首都ワシントンの郊外、ラングレーのCIA本部に戻り、初めてのイラク赴任の疲れから回復に努めていた。そのバコスはバグダードで活動中の外国人戦闘員たちに関する報告書に目を通し、その中にザルカウィもいるだろうかと考えていたところだった。それが今やはっきりした――傍受された通話はザルカウィをナジャフの惨劇のみならず、国連への攻撃と、さらにはおそらくヨルダン大使館の爆破事件とも結びつけた。どのような手を使ったのか、アンサール・アル＝イスラームの訓練キャンプを破壊されてからわずか五カ月後、ザルカウィは自らのテロリスト・ネットワークをなじみのないイラクの首都へと移すことに成功していた。そして一連の手の込んだ大規模なテロを矢継ぎ早に実行できるほどの、機密情報の収集力と火器と後方支援のそろった体制を構築したのだ。イラクにおける暴力は日増しに悪化していたが、ザルカウィはその一部分を担っていただけでなく、その演出にも一役買っていたのだった。

バコスは報告書を精査し、要約の作成に取りかかろうとしていた。それはホワイトハウスに対する翌日のブリーフィング用の文書に含まれることになる。もはや根幹的な結論は揺るぎそうになかった——一連の攻撃の黒幕はザルカウィである。ブッシュ政権がサダム・フセインを攻撃する理由として挙げたこのテロリストは、実はそのフセインの敗北によって力を得たのだった。かつてイラク北東部の辺鄙な山岳地帯の一角に押し込められていた間は、たいした不安の種でもなかった。それが今やイラクの中核地帯で野放しのまま、日増しに大きな脅威になりつつあった。

ずっとのちになって、イラク戦争の初期の状況を研究した情報部員やテロ対策の専門家たちは、ザルカウィの戦略的狡猾さに目を瞠《みは》った。意図的にか偶然にか、ザルカウィが選んだ標的はイラクにおけるアメリカの野心をかき乱し、占領を確実に長く、つらくするようなものばかりだった。狼煙《のろし》を上げる一撃は、アラブ人国家であるヨルダンの大使館をねらった。これにより、アメリカ人の行為を正当化するような形でイラクの再建に加わることを、ほかのアラブ諸国に事実上断念させた。これに続く二度の連続攻撃は「才気溢れる戦略」を示していたと、やがてブッシュ、オバマ二代の大統領に助

言を与えることになったＣＩＡのテロ専門の上級分析官、ブルース・リーデルは言う。(13)

「国連を攻撃することで、ザルカウィはあらゆる非政府組織（ＮＧＯ）をイラクから追い出し、どの国にも大使館を開く気を失わせた。続いてザルカウィはシーア派モスクへの攻撃で、シーア派とスンナ派の断層線をねらい撃ちしたのです」とリーデルは言う。「つまり、ザルカウィはまずわがアメリカをイラクで孤立化させ、続いてわれわれを内戦の真っただ中に引きずり込んだのです」

二〇〇三年八月の時点では、まだそう断定するには早すぎた。だからネイダ・バコスは単純に自分が知っていることを記し、その報告書がブッシュ政権上層部で問題になることは目に見えていたが、それはなるべく考えないようにした。

上司たちはバコスに執拗に事実確認を求めた。バコスの回想によれば、一連のテロの責任がザルカウィにあるとホワイトハウスに告げることに、上司たちの誰一人として乗り気な者はいなかったという。

「もう一日かけてみろ。絶対的な確信がない限り、このことは書くわけにはいかない」と、バコスは上司の一人から念を押された。

編集や書き直しにまる一日が費やされ、作業は深夜に及んだ。原稿ができたのは真夜中過ぎで、バコスが数時間の眠りをむさぼりに自宅へ戻ったのは午前三時近くのことだった。

バコスが書いたのは一通の報告書にすぎなかった。だがそれはブッシュ政権のイラク戦争に関する公式なストーリーと相容れなかった。ホワイトハウスの中にはこの報告書を脅威と感じる者もいるはずで、おそらくは握りつぶそうとするだろうと、バコスもわかっていた。だが真実なのだった。

バコスは言った――「だからこそ私たちはあれほど慎重になっていたのです。抵抗に遭うことはわかりきっていました。なぜなら私たちが彼らに言っていたことは、この戦争がもはや勝利ではないということを意味していたからです。クソいまいましい悪夢なんだと」。

9 「武装反乱が起きていると言いたいんだな？」

イラクの国連現地本部の爆破事件から数日後、長らく先延ばしになっていた家族旅行を終え、カナダから車で帰途についていたロバート・リチャーのCIA専用電話が鳴った。かけてきたのはホワイトハウスへ出向いていたCIAのブリーフィング担当者の一人で、大統領のデスクに届いたというただならぬ報告書について、切迫した調子で問い合わせてきた。

CIAがこの報告書を支持するのかどうか、大統領が知りたがっている——イラクで武装反乱が始まっていると書いてあるやつだ、というのがブリーフィング担当者の用件だった。

リチャーはちょうど、デトロイトをめざしてカナダのオンタリオ州ウィンザーからアンバサダー橋を渡っているところで、アメリカ側へ国境を越えてから車を止めた。ああ、もちろん知っていると、リチャーは答えた。ほんの数日前に自分で署名して承認したばかりのものだった。

「事実に基づいている。現地駐在チーフの見解だ。われわれはその分析を支持する」とリチャーは言った。[1] かつてヨルダンでCIA現地駐在部員のチーフを勤めたリチャーは、このとき近東局の局長に昇進していた。

八〇〇キロメートルの彼方からでも、電話の向こうの緊張感は手に取るようにわかった。ブッシュ大統領が事実上の勝利を宣言した戦争だっただけに、ホワイトハウスは「武装反乱」という言葉が気に入らなかったのだ。初夏以来、イラクにおける破壊行為が劇的に悪化してきたことは、少しでもニュースに関心がある者ならば誰の目にも明らかだった。一連のすさまじい自動車爆弾による攻撃に加え、毎週一〇人を超えるペースで米兵が狙撃手の銃弾や路傍の仕掛け爆弾の犠牲になっていた。だが「武装反乱」というのはベトナム戦争の果てしないゲリラ戦のイメージを呼び覚ます、危うい言葉だった。国家安全保障会議の席では、国防総省《ペンタゴン》の文官の管理職らがパワーポイントを使ってプレゼンをしながら、イラクの比較的平穏な各州の様子を強調していた。その他の地域におけるテロ攻撃は、孤立的かつ散発的な事例で、いまだに潜伏中のサダム・フセインに忠誠を誓うバアス党の残党の仕業だとした。リチャーも出席したある日の会議では、「どれくらい重要なことなんだ?」と、ラムズフェルド国防長官の補佐官の一人が訊いた。

どれくらい重要かだって? しばしばバグダードのCIA駐在所を訪れていたリチャーは耳を疑った。めちゃくちゃ重要だぜと、リチャーは内心密かにつぶやいた。

「連日発生しています」と、リチャーは同席者たちに言った。

イラクにテロリストたちが潜伏していることは議論の余地がなかった。しかし二〇〇三年八月三十日まで、イラクで起きている紛争に対し、誰もあえて「武装反乱」という言葉を使おうとはしなかった。その日、ナジャフのモスクでシーア派の聖職者、アーヤトッラー・モハメド・バキル・アル＝ハキムと何十人もの参拝者たちを殺害した二重爆弾テロからわずか数時間後、ＣＩＡバグダード駐在チーフのジェリー・マイヤーはワシントンの本部宛に緊急電を打った。ＣＩＡの工作員たちの隠語で「アードウルフ」〔ハイエナの一種。日本名ではツチオオカミとも〕と呼ばれるタイプの機密メッセージで、現地駐在所の公式評価を本部へ伝えるものだった。八月に相次いだ三件の自動車爆弾事件の被害を目にしたマイヤーは、イラク紛争がきわめて危険な新たな段階に急激に突入しつつあると警告した。外国人の聖戦主義者《ジハーディスト》がイラクに押し寄せ始めており、アメリカ人と戦えるという期待、そしてアメリカ人の占領者たちとイラク人支持者たちの評判を貶めるために、破壊行為を炸裂させようとねらっている闇の過激派組織と組めるという期待、それが彼らを惹きつけていた。こうした武装勢力の台頭はこの五カ月間の成果を逆行させてしまう危険性があると、マイヤーは記した。さらに、続々とやってくる新参者たちのおかげで、大量の自爆攻撃要員がすでにイラク国内にいて、サダム・フセインが拘束されるかどうかにかかわりなく、計画中の攻撃を実行できる態勢にある、とも。

この報告書の露骨な調子はホワイトハウスを慌てさせ、ブッシュ政権のバグダードにおける中心人物、連合暫定統治機構（ＣＰＡ）を取り仕切る外交官のルイス・ポール・ブレマー三世は声高に反発した。報告書の結論は大げさで、あまりにもネガティブだと、ブレマーは不満を述べた。そしてこうしたブレマーの反応がきっかけで、ＣＩＡはわざわざ休暇中のリチャーに電話連絡をつけたのだった。

「猛反発を食らいましたよ。武装反乱が巻き起こっているとＣＩＡは言っていたわけですが、これにホワイトハウスがむかっ腹を立てたのです」と、二〇〇五年にＣＩＡを退職したリチャーはのちに回想した。リチャーによれば、要するに現実に対する二通りの見方がイラクでぶつかっていた——一方はＣＩＡの工作員たちが目にした現実、もう一方は、五月に航空母艦エイブラハム・リンカーンの甲板でブッシュ大統領がドラマチックに伝えたメッセージをより強固にすることをねらった見方だった〔二〇〇三年五月一日、ブッシュ大統領は空母の乗組員たちを前に、イラクにおける主要な戦闘行為の終結を宣言した〕。

「大統領が空母に降り立って、われわれは勝ったと言ったばかりでしたから、ホワイトハウスとしては頭が痛かったわけです」とリチャーは言う。

しばらくの間、マイヤーの報告書はあっさり無視されることになった。イラクの紛争状態を「武装反乱」と呼ぶのが適切かどうか、大統領の国家安全保障担当補佐官のトップの面々がふたたび議題にするまでに、一〇週間という時間が経過し、さらに何十人もの死者が出ることになった。実際に武装反乱の状態にあることをホワイトハウスが認めたのは、さらに数カ月先のことだった。

テロリストのネットワークを構築するという企図のために、仮にザルカウィが自らアメリカのイラク政策を決定できたとしても、二〇〇三年の春から夏にかけてアメリカ人たち自身が実行したもの以上の妙案は浮かばなかったに違いない。

イラク占領後の大々的な略奪を阻止しなかったことに始まり、ブレマーの連合暫定統治機構がイラク軍と治安維持機構を全面的に解体したことに至るまで、ブッシュ政権の過ちを指摘する記事や本は枚挙にいとまがない。しかしアメリカ人のなかで政府の失態の重みをもっとも痛切に感じていたのは、ザルカウィの組織が勢いを増していくのをイラクで見ていた情報部員や外交官たちだろう。

二〇〇三年三月のイラク侵攻計画に備え、その立案の最終段階で召集されたＣＩＡの職員たちは、何年ものちになってそのときの驚きを証言した。サダム・フセインを打倒した後いかにイラクを運営していくのか、何の展望もなかったのだ。イラク占領後に治安維持に当たる米兵らがどのようなリスクに直面し得るか、若手の情報部員たちが侵攻直前のぎりぎりの段階で呼ばれて書類の作成を迫られた。だがその段階ではもう手遅れだった。

「まさに侵攻直前、私は国防総省に『部隊の防護方針については誰か資料を準備していますか？』と訊いたんです。答えは『ノー』だと言うので、それなら私がやりますよと言ったのです」と、支援に呼ばれたCIAの分析官は語る。「内部の連中が文字どおり誰もやっていなかったので、代わりに私が軍事分析をやったのです[2]」

それからの数週間、バグダードが急速に無法状態に陥っていくなか、わずかに残っていた軌道修正の余地は永遠に失われた。バグダード陥落後にいち早く現地入りした一人となった国務省のある職員は、イラク国民の当初の歓迎は、戦前ブッシュ政権の首脳らが予測していた「歓喜の出迎え」に近いように感じたと語った。

「要するにですね、人びとは本当に私たちを目にして喜んでいたのです」と、元外交官の「マイク」は言う。治安維持を請け負う企業に雇われている今、本名は明かせないという。「何も花束が飛んできたわけではありませんが、そもそもイラクにはそういう文化がありませんからね。でも毎晩、祝福の銃声が鳴り響き、私はよくバグダードを回りましたが、誰もがわれわれの姿を見て大いに喜んでいたんです」

しかしその後何週間にもわたり、官公庁の備品から博物館の貴重な美術品、果ては建設中のビルの鉄筋に至るまで、狂騒の中であらゆるものの略奪が続くと、イラク国民の見方が厳しくなったと、マイクは語った。市民たちの目には、米軍は秩序を回復する権限も憲兵隊も持っておらず、イラク人が感じている不公正と苦悩に対して無力かつ無関心だと映った。ますます多くのイラク人たちが占領軍を軽蔑に近い不信感をもって見るようになっていった。

「われわれはブラックホールを作り出してしまったのです」とマイクは言った。

侵攻後に治安を維持できなかったのは怠慢のなせるわざだった――侵攻を受けて民政が崩壊することをアメリカの当局者たちは予見していなかったのだ。その一方で、イラク軍を解体し、バアス党員を権限のある地位から追放するという決定は、きわめて意図的になされたが、大きな誤りだった。サダム・フセイン治下のイラクでは、学校長や警部から情報機関の部長に至るまで、管理職になりたければバアス党員になることが必須だった。大学に入るのも同様だ。だから何万人という専門職や経験豊富な官僚たちが一夜にして失職し、イラクに駐在するアメリカの当局者たちは、気づいてみれば二つの巨大な難問に直面していた。一つは、秩序を維持し、不法な人的ネットワークを根絶するのに欠かせない、各地の治安組織がまったく存在しなかったこと。もう一つは、今や給料も年金も奪われて自活することを迫られ、不満を抱えながらも強固な人脈を維持しているイラク人の公務員たちが大量に存在したことだ。

「われわれはあの人たちを路頭に迷わせた。スキルを持ち、その使い方を心得ている人たちをです」とロバート・リチャーは言った。二〇〇三年五月十六日に発令された脱バアス党化の決定――連合暫定統治機構（ＣＰＡ）の「司令第一号」――に憤慨したことを覚えていた。「われわれは給料も与えずに彼らを追い出した。なかには一五年も二〇年も軍に仕えた者もいるというのに、年金すら支払ってやらなかったのです」

こうした新たな構図になったイラクは、ザルカウィにとっては思いのまま移動でき、かつ彼のねらいを喜んでサポートしてくれる強力で有能な協力者たちを得るのに格好の状況にあった。かつてサダム・フセインに仕えた大尉や軍曹らが今やザルカウィの武装集団に加わり、なかにはリーダーとして頭角を表す者もいた。ほかにも隠れ家、機密情報、現金、そして武器を提供する者もおり、捜査官らがのちに結論づけたところによると、航空爆弾や大砲の砲弾も供給されていた。ザルカウィの最大級の自動車爆弾の爆発力のもととなったものだ。

ＣＩＡの機密報告書には記されていたとはいえ、一般にはイラクの武装反乱におけるザルカウィの役割はほとんど知られていなかった。ＣＩＡの分析官らも、ザルカウィがイラク国内にいるのか、あるいはシリアかどこか国外の都市から差配しているのかも含め、いくつかの重要な細部について意見が割れていた。しかしイラクで「武装反乱」が起きていると認めるべきかどうか、ワシントンの政府関係者らが論争をしている間も、二〇〇三年の秋を通じてすさまじい攻撃の連鎖が続いた。

九月二十二日、バグダードの国連本部がふたたび攻撃を受けた。ただしこのときまでにはすでに多くの職員たちが国外へ退避していた。警備員一人が死亡し、一九人が負傷した。

十月十二日、一台のトヨタ・カローラが猛然とバグダード・ホテルの防護壁を突破し、ロビーの外で爆発した。薬局や開業医が集まる地区の高級高層ホテルだ。六人が死亡し、負傷者は米兵三人を含め三〇人を超えた。

もっとも劇的だったのは、十月二十七日、テロリストらがバグダード各地で連携して自爆の波状攻撃を行なったことだ。襲われたのは赤十字国際委員会本部と四カ所の警察署。米兵一人を含む少なくとも三六人が死亡し、二〇〇人が負傷した。

十一月十日、CIAバグダード駐在所チーフのジェリー・マイヤーはふたたびデスクに向かい、崩壊しつつある治安状況を本部宛の公式報告書に詳述した。今回マイヤーが描き出したイラクの様相はさらに切迫していた。マイヤーが述べた武装反乱は単に現実に起きていただけでなく、勝利しつつあった。バアス党の協力者たちの支援もあり、テロリストらは潤沢な物資に恵まれ、自由に移動することもできているようだった。米軍や慌てて再建されたが実効性に欠ける各地の警察署のことも、ほとんど恐れていなかった。イラクの一般市民はテロリストらは強大で「ほぼ向かうところ敵なし」だと見ている、とマイヤーは書いた。米軍はイラクを安定させることができるはずだという、はかない望みはこの報告書で打ち砕かれた。

「容易に存続し、行動できることで、武装反乱勢力はいっそう自信を深めている」――アメリカのジャーナリストらが入手したラングレーのCIA本部に届いたばかりの「アードウルフ」の一通にマイヤーはそう書いていた[3]。さらに、テロリストを支援する人びとは――不満を抱くスンナ派ムスリムやサダム・フセインの治安機構の元職員など――再結集する格好のチャンスを与えられたのだと、マイヤーは述べた。報告書はこう指摘していた――「スンナ派の中心地域に引き続き蔓延している孤立感、イラク軍およびその他の治安機構の完全な解体、徹底した脱バアス党化、そして経済的なチャンスや政治的指針の欠如、これらは旧政権関係者に、人的ネットワークを修復して自分たちの立ち位置を再構築するのに必要な自信を与えた」。

報告書の無遠慮な率直さに、一部の同僚たちはマイヤーの首が飛ぶことを心配したほどだ。そして案の定、この新たな報告書はブッシュ政権の上級補佐官たちの逆鱗に触れ、選挙の年が始まろうとしているなか、ＣＩＡは大統領の政治的立場を切り崩そうとしているとの批判を招いた。

十一月十一日（アメリカでは公務員は休日となる「復員軍人の日」）、マイヤーの最新報告書とそれが持つ意味を吟味するためにホワイトハウスは再度会議を開いた。ロバート・リチャーにもふたたび声がかかったが、今回は電話ではなく本人が直々に出席した。ほかにジョージ・テネットＣＩＡ長官とその右腕のジョン・マクラフリン副長官、ドナルド・ラムズフェルド国防長官や、国家安全保障担当補佐官らも参加した。会議の冒頭、ブッシュ大統領はＣＩＡの面々に単刀直入に疑問をぶつけた。

「君たちは武装反乱が起きていると言いたいんだな？」(4)

マクラフリンは「本当の敵は誰か？」という問題を中心に、準備してきたブリーフィングを始めた。しかし「武装反乱」という言葉を使ったとき、ラムズフェルドが懐疑的な調子で遮った。

「『武装反乱』という言葉を定義しろ」と彼は問いただした。

マクラフリンと同僚のＣＩＡ職員らは、国防総省規定の野戦教本に記載された典型的な「武装反乱」の構成要件を列挙していった。イラクは破壊行為や武力闘争によって中央権力の転覆をねらう、組織的な抵抗運動に直面している、と彼らは述べた。さらに国内の敵対勢力と海外のテロリストらの共謀について説明し、反体制運動に関して判明している指導部、戦術、そして武器について力説した。しかし参加者の一人によれば、国防総省側は頑《かたく》なだった。

「軍はこんなことには聞く耳を持たなかったのです。彼らはもう戦争は片づいたと思いたがっていた。だから武装反乱について話し合う気なんてなかったわけです」と、くだんの参加者は数年後に証言した。

対照的に、ブッシュ大統領は思案げに押し黙っていた。会議の終わりにブッシュが述べた締めのコメントからも、まだ公にしゃべるつもりはなかったとしても、イラク情勢の変化を受け止めたことがうかがえた。

「講釈なんか聞きたくはない」とブッシュは言った。

一カ月後、サダム・フセイン拘束の発表に、ホワイトハウスはとめどのない陰惨なニュースの連続からひと息つくことができた。二〇〇三年十二月十三日、フセインの故郷ティクリート付近の人里離れた農家を襲撃して発見したのだ。しかしかつての独裁者が逮捕されたからといって、今や連日発生している多国籍軍やイラク市民に対する攻撃から解放されたわけではなかった。何カ月もの間、闇に隠れて戦いを挑んできたザルカウィは、イラクにおける本格的な武装反乱の事実上のリーダーとして自信を深めつつあった。今や不満を抱く何千人というイラク国民と、ムスリム世界各国の賛同者たちの支援を得られるようになっていた。そんなザルカウィの活動はやがて、イラクにおけるアメリカの思惑に対する最大の脅威となる。

ジェリー・マイヤーは武装反乱の拡大を二度にわたってCIAの報告書で警告した。だが武装勢力の蜂起が頂点に達するのをバグダード駐在チーフとして見届けることはできなかった。十一月十日の報告書からものの数週間後、現地司令官の職を解かれてワシントンへの帰還を命じられたのだ。

それから何年もの間、イラク戦争初期の過ちを詳細に分析するたびに、ＣＩＡ職員たちは驚きを禁じ得なかった。さまざまな状況が信じがたい形で合流し、ザルカウィはあれほど短期間にあれほどの成果を挙げることができたのだった。悪烈な風に巻き上げられた種のように、ヨルダン出身のザルカウィは、根を下ろすのにまたとない格好の土地の一角に絶妙なタイミングで降り立ったのだった。

ロバート・リチャーは言った――「脱バアス党化を終えたイラクが肥沃な土壌となり、暫定統治機構の無能ぶりと、イラク人やその文化に対するアメリカ側の無理解とが雨と日光となりました。それらすべてが合わさって、ザルカウィが花を咲かせ、勢いづくことを許してしまったのです」。

首都の北方および西方の埃っぽい町や村の一帯、それこそが武装反乱の芽を育むイラクでもっとも地味豊かな土地となった。のちに「スンナ派三角地帯《トライアングル》」〔バグダードと北西のティクリート、西方のラマディを三角形の頂点とする地域で、イラクでは少数派のスンナ派が多く居住〕としてよく知られるようになった地域内では、アメリカによる侵攻をめぐる不安はすぐに反感へ、そして一部の住民の間ではあからさま敵意へと変わっていった。

ラマディ近郊に大規模な牧羊場を持つ部族長のザイダン・アル＝ジャビリは、アメリカ人を解放者として信頼する気持ちを――それどころかサダム・フセインの警察国家よりは少しはましになるだろうという思いすら――失った日を鮮明に覚えている。それは二〇〇三年四月二十八日、バグダード陥落から三週間近く、ブッシュ大統領の「戦闘終結宣言」の三日前のことだった。この四十歳になる長老《シャイフ》は占領軍が商取引をどう扱うかを注視していた。夜間外出禁止令や移動制限が長引けば、羊毛と新鮮なマトンを扱う者にとっては壊滅的なことになる。それでも同じドゥライム部族の多くの人たちと同様、ジャビリは新来のアメリカ人たちに進んでチャンスを与えた。そこへすべてを一変させる事件が起きた。

その日まで――月曜日だった――ジャビリは侵攻してきた米軍部隊の姿はほとんど見たことがなかった。砂漠仕様の焦げ茶色の迷彩色を施した戦車隊は、侵攻作戦の初めのうちは意図的に地方都市を迂回していたが、今は通過した地域に引き返し、残存している抵抗勢力があれば排除し、戦線を整理しようとしていた。四月二十三日、第八二空挺師団と第三機甲連隊の兵士たちが近くの都市、ファルージャに入り、庁舎や学校などに陣取り始めた。二十八日の夜、抗議をしようと二〇〇人ほどの群衆が夜間外出禁止令を破って学校の校舎外に集まり、中にいる米軍の落下傘部隊員らに向かってスローガンを唱和したり、叫び声を上げたりした。そのとき群衆の一部が武器を振り回し、発砲もしたと、米兵たちはのちに主張した。いずれにしろ、米兵らは一斉射撃を浴びせ、デモ隊の一七人を殺害し、七〇人を負傷させた。のちにヒューマン・ライツ・ウォッチの調査員たちが調べたところ、米兵らが滞在していた校舎に弾痕は発見できなかった[5]。イラク人たちは激昂したが、ジャビリら部族の上層部は自制を呼びかけた。「私たちはアメリカ人と問題を起こさないように全力を尽くしたのです」と、ジャビリは数年後に証言した。アンバール県〔ラマディを県都とし、ファルージャも含む〕中部の主要な部族長らは解決策を議論するために非公式の会合を開き、ファルージャの米軍司令官らと会うために代表団を選んだ。

「私たちは彼らに会いに行き、こう言いました、『私たちは部族社会の人間です。だから部族的な解決策を受け入れましょう――あなたがたはディヤ、つまり賠償金を払いなさい。彼ら［犠牲者たち］には家族があり、子供がいた者もいます。その人たちの将来を保障し、彼らの子供たちが抵抗勢力に加わらないようにするために、各家族にお金をお払いなさい』とね。」とジャビリは回想した。(6)

何日かのちに返事が来た。わかった、アメリカは喜んで犠牲者の遺族のために補償をしたい、ということだった。金額は死亡したイラク人一人につき三〇〇〇ドルとされた。

ジャビリは激怒した。「三〇〇〇ドルだと？ それは警察犬一頭を買うような金額じゃないか！」と憤慨した。

「それからというもの、アメリカ人には善意などないと気づいたのです」とジャビリは語った。

これがジャビリにとってはアメリカ人との一連の不幸な出会いの始まりだった。サダム・フセインを打倒した軍隊ならば、ジャビリのような人物とは手を組める可能性があったはずなのにだ。ジャビリがまだ三十歳にもならないころ、部族の親戚の者らが独裁者フセインに対するクーデターの試みを支援しようとしたことがあった。アンバール県の有力な部族の出身の、イラク空軍の将軍が企てたものだった。陰謀が発覚すると、サダム・フセインは一五〇人を超える陸軍将校を逮捕して処刑。さらにジャビリと兄弟一人を含む一〇〇〇人を超えるスンナ派の市民を拘束した。ほかの者たちと同様に処刑されるはずだったジャビリは、執行直前に恩赦を与えられた。長年フセインの権力維持に協力してきた有力なスンナ派の諸部族に対して、関係修復をねらった大赦だった。

ところが、死刑宣告を受け、独裁者フセインの政策の多くに深い嫌悪を感じていたにもかかわらず、ジャビリはそのイラクの指導者に対して次第に奇妙な心の葛藤を抱くようになった。ジャビリはサダム・フセインのタフさを評価した。そして欧米に対する彼の果敢な抵抗に、ジャビリは密かに拍手を送ったのだ。そんなサダム・フセインの姿は多くのスンナ派の人びとにとって、かつてイラクが強大な帝国の一部であり、バグダードが科学と学問の世界的中心地だった栄光の時代を思い起こさせた。いかに高度なテクノロジーを持っていようとも、アメリカ人など傲慢な成り上がり者にすぎず、文学、数学、天文学、そして法律などを生んだこの土地の文化的豊かさをほとんどわかっていないのだった。イラクは砂の下に埋もれた石油資源だけのために存在価値を持つような、単に欧米の植民地主義による国境線で仕切られた土地を指すのではなかった。文明発祥の太古の時代にまで連なる諸部族の国なのだった。

「サダム・フセインがいる限りイラクは決して本来のイラクにはなれないと、アメリカ人とそのメディアは私たちに思い込ませました。しかしイラクの歴史は七〇〇〇年。アメリカはわずかに二〇〇年。メルセデスベンツとヒュンダイ自動車を比べるようなものです」とジャビリは言った。

そうとはいえ、ジャビリは牧場からわずか六〇数キロにあるファルージャで住民殺害事件が発生してもなお、アメリカによるイラク侵攻に反対するのは無意味だと考えていた。「私たちは軍隊ではない。それにフセイン政権を擁護しているかのように見られたくはありませんでした」とジャビリは言う。しかしアメリカによる占領も一周年を迎えようとするころ、ジャビリはアメリカ人の真意に対して懸念を深めた。アメリカ人たちは永遠に居座ろうとしているのではないか、と。さらに悪いことに、アメリカはイラクで長年支配的だったスンナ派から権力を奪い、シーア派に与えてしまった。ジャビリはそのシーア派の政治リーダーらを、本当はイラクよりもイランに忠誠心を抱く「盗人の山賊ども」だと見ていた。バグダードでは、市内をうろつくシーア派の民兵団がスンナ派を標的にしていた。ジャビリは同じ部族の者らが秘密の行動班を組織し、当初は自衛が目的だったが、次第に米兵らを奇襲するようになっていくのを複雑な気持ちで見つめていた。やがて、謎のヨルダン人が自らの活動に参加するイラク人に現金を配っているという噂が流布しはじめた。ジャビリ自身は、ザルカウィと名乗るそのジハーディストに忠誠を誓うことはついぞなかった。しかし、そうする者はジャビリのドゥライム部族の中にもいた。

ジャビリは再度米軍司令官たちに会いにファルージャへ赴いた。ジャビリの回想によれば、その日は七月四日で、ジャビリはほかの部族のリーダーたちとともに予告をせずに出かけていった——アメリカの独立記念日のお祝いに花を持って。応対に出た海兵隊の司令官は神経質で、ジャビリらに不信感を抱いているように見えた。それもそうだろう。基地を訪れるイラクの代表者たちは、普通は何らかの要求をしに来ると相場が決まっていた。たいてい何かの被害や損害に対する補償を求めに来るのだ。何年も経ち、ジャビリは会いに行った具体的な目的は忘れてしまったが、そのとき口論になったことは覚えていた。

会談のある時点で、米軍の司令官はイラク人とテロリストを同一視するかのような発言をし、ジャビリら訪問客を侮辱した。すると長老《シャイフ》の一人が腹を立て、アメリカ人はアフマド・チャラビのいいかもだと非難した。チャラビはフセイン政権時代に国外に亡命していたシーア派の政治家で、大量破壊兵器に関する誤った機密情報をブッシュ政権に提供した人物だ。

「あんたたちがチャラビに騙されてイラクにやって来たことはわかってるんだ！」と、そのシャイフは言い放った。

ジャビリはその場を収めようとしたが、もう話し合いどころではなかった。さらに無礼な言動が飛び交い、イラク側の一人がテーブルを思い切り叩いた。

席を立ったとき、迷彩服のアメリカ人の男と部族の衣装を着たイラク人たちの間の埋めがたい溝に、ジャビリは衝撃を受けた。お互いに同じ言葉を使っていても、なぜか通じない。

イラク人の代表者たちが立ち去る間際、ジャビリは海兵隊の司令官に捨てぜりふをぶつけた。

「あなたがたは決してイラクに居座ることなどできませんよ」とジャビリは言った。

惨劇の始まりをジャビリは悟った。だがそれを阻止するつもりなどなかった。

「このとき、真の戦いが始まったのです」とジャビリは言った。

10 「胸くそ悪い戦い、それがわれらのねらいだ」

二〇〇四年一月、バグダードへやって来てから約一〇カ月、ザルカウィはコンピュータ端末のキーボードの前に座り、ウサマ・ビン・ラディンに手紙を書こうとしていた。アフガニスタンを後にしてから二年、アル゠カーイダの創設者たるビン・ラディンがカンダハールの隠れ家で直接会ってくれようとしなかったあのときからほぼ四年が過ぎていた。今、ザルカウィは和解を提案してやろうと思っていた。

書き出しは大げさに感傷的な調子にした。

「私たちの肉体は遠く離れていようとも、私たちの心の距離は近いのです」と、ザルカウィは二〇〇一年九月十一日の同時多発テロを演出した相手に書いた[1]。

最後に連絡をとってから事態は大きく変わっていた。そしてザルカウィはイラクで過ごしてきた日々を語らずにはいられなかった。イラクにおける武装反乱のことをビン・ラディンが聞いていないとでも言わんばかりに。今やお互いに自らの組織の司令官となったビン・ラディンとザルカウィだが、イラクは良くも悪くも、二人がアフガニスタンで体験した状況とはまったく異なっている、とザルカウィは書いた。良い面はイラクではアラビア語が通じること。悪い面は地形がひどく、身を隠しにくいこと。ザルカウィは自分が始めた作戦は大いに成果を挙げていると力説し、ビン・ラディンが進んで協力してくれることを期待しているとした。だがまずは聖戦主義者《ジハーディスト》の目から見たイラクの戦況を描写し、ザルカウィ自身のささやかな部隊を含め、主な武装組織の概要を説明したい、と書いた。

ザルカウィはアメリカ人のことから語り起こした。強大な軍事力を誇りながら、連中は「神が造られた生きもののなかでもっとも臆病」であり、真の戦いを望まず、基地に引きこもっていたがる、とザルカウィは書いた。だがやつらはすぐに消える、イラクも戦争もほかの連中に任せて立ち去るだろうとザルカウィは予測した。

イラクでは少数派であるイスラーム教スンナ派――ザルカウィの主義主張にもっとも同調してくれそうなグループ――に対しても、同様に辛辣だった。スンナ派はばらばらでリーダーがおらず、「堕落した民の食卓につく孤児たちよりも浅ましい」とした。ジハーディストに加わったイラク兵たちでさえ、実戦経験に乏しく、直接敵と相まみえるよりも手榴弾を投げたり、時おり迫撃砲を撃ったりするのを好む始末だ。

ザルカウィは書いた――「イラクの兄弟たちは相変わらず安全を、そして妻たちの腕の中に帰ることを、つまり何にも脅かされることがない場所を望んでいます。メンバーが一人も殺されたり捕虜になったりしていないことを自慢に思うグループさえあります。そんな彼らとは何度も話し合い、安全と勝利は両立しないことを教え、死を恐れずに血を流すことなくして、勝利と活力の木は高く豊かに育つことはないのだと言い含めています」。

続いてイラクで多数を占めるシーア派については、何ページにもわたって悪罵を吐き散らす長広舌を展開した。

「立ちはだかる邪魔者、陰に潜むヘビ、悪意に満ちた狡猾なサソリ、密かにつけねらう敵、そして刺し貫くような毒」だと、ザルカウィはありったけの隠喩を並べ立てた。そしてイラクの多数派の宗教であるにもかかわらず、シーア派は「イスラーム教とはまったく共通点がなく、せいぜいユダヤ教とキリスト教とが同じ啓典の民〔イスラーム教と同じく一神教で、ともに神の言葉である（新旧約の）聖書を持つ人びと〕として似ているという程度でしかない」とし、異教よりもたちが悪いと切り捨てた。シーア派の連中はスンナ派の信仰を滅ぼそうと企てているのであり、狡猾にもアメリカ人の占領者たちと手を結んだとした。

「やつらは歴史を通じて、どの時代にあっても、背信と裏切りの宗派であり続けてきたのです」とザルカウィは断言した。

ビン・ラディン相手にこんなことをわめき散らすのは奇妙なことだった。ビン・ラディン自身はスンナ派だったが、ムスリムの統一者を自任し、シーア派の一般市民を攻撃する意思を表したことなどなかったのだ。むしろ糾弾していたほどで、ザルカウィも先刻承知だったはずだ。ザルカウィはビン・ラディンを翻意させることができると思っていたのかもしれない。そして実際、ザルカウィは続いてビン・ラディンに核心的なメッセージを伝えた――すなわち、さらに膨大な数のシーア派信者の殺害につながる、来たるべき戦いの計画だ。この作戦により、同時に三つの目的を達成することができるとザルカウィは主張した。イラクの不安定化、憎むべき背教の根絶、そしてもっとも重要なのは、スンナ派の解放につながるこの戦争で、スンナ派の信者たちにいやが応にも武器を取らせることだ。それはザルカウィ自身が焚きつける戦争であり、「まどろむ者を目覚めさせ、眠れる者を奮起させる」のだ、と。

われわれにとっての解決策は――至高の神はご承知でしょうが――シーア派を戦いへと引きずり込むことです。なぜならそれが彼ら不信心者との戦いを継続する唯一の方法だからです……われわれにとって唯一の方策は、シーア派の宗教上、軍事上、およびその他の面での首脳陣を叩き、スンナ派の前に屈するまで一撃また一撃と打撃を加え続けることです。この件について、われわれを性急かつ軽率だとして、まだ準備もできていない戦いへと［イスラーム教の］この国を導くものだと、言う者もいるかもしれません。これは胸くそ悪い流血の戦いになると。しかしそれこそがわれらのねらいなのです。

ここでザルカウィは頼みたいことがあるとした――自分の組織はささやかなものではあるが、北部の辺境都市を除き、イラクにおける主要なテロ攻撃のほぼすべてを差配してきた。ザルカウィ自身によれば合計二五件。しかしアル=カーイダのお墨付きとその世界的な影響力があれば、はるかに多くの成果を挙げることができる、とザルカウィは主張した。「われわれが望むのはただ先鋒となること、それも先駆的な尖兵として、ムスリムの国民が約束された勝利へと歩んでいくための懸け橋となることだけです」とザルカウィは書いた。そして、もしビン・ラディンがザルカウィの戦略に賛成してくれるなら、「もしもこれをあなたの計画として、そして進むべき道として採用し、背教者の宗派と戦うという考えに納得されるならば」ザルカウィはビン・ラディンに忠誠を誓うつもりだ、と。「われわれはあなたの即戦力の兵士として、あなたの旗のもとで働き、あなたの命令に従うでしょう」とザルカウィは記した。

手を結ぶことはできないと言われても、決して恨んだりはしない、とザルカウィはビン・ラディンに保証した。だがいずれにしろ今後も自分のことは耳にするだろう、とザルカウィは伝えた。もう間もなくすれば、自分は陰から進み出て、自ら世界に存在を知らしめるつもりだから、というのだ。「われわれは十分な力を蓄えるまで待っていたのです」とザルカウィは書いた。そしてついに「決定的な瞬間が近づいている」のだと。

ザルカウィがビン・ラディンに手紙を書いた数週間後、冷え込みが厳しい二月のある夜。米軍のスタンリー・マクリスタル准将はイラクの武装反乱の震源地であるファルージャで、集合住宅内の真っ暗な階段に待機していた。過激派の戦闘員や隠匿された武器を探して、部下の兵士たちが部屋から部屋へと捜索する様子に耳をそばだてていたのだ。その瞬間、マクリスタルが追い求めている人物も実はその闇の先におり、同じく物音を聞き分けるのに必死だった――アイドリング中のディーゼルエンジンの低い唸り声、金属が木材に激しくぶつかる音、アメリカ英語の怒鳴り声、犬の吠え声、それにガラスを踏みしだく重たい軍靴の音。

イラクに駐留する米軍特殊部隊のマクリスタル司令官はまったくの偶然から、イラクでもっとも危険なテロリストが寝入っていた住宅棟に特殊部隊のチームを派遣したのだった。二人の間の距離は五〇メートルもなく、隔てているのは薄いコンクリート壁二枚と、約一年前の米軍による侵攻以来ほぼ停電状態だったこの都市の漆黒の闇だけだった。

「おそらく私はザルカウィから一ブロックと離れずに突っ立っていたのではないでしょうか」と、のちにマクリスタルも認めている。(2)

それはこの冬も続いたいつ果てるとも知れない襲撃作戦の一つにすぎず、今やワシントンのどんな楽観的な人間でも認めざるを得なくなっていた武装反乱の撲滅が目的だった。イラクにおける暴力行為は悪化の一途をたどっていたが、その実行者である国内外の戦闘員の活動班《セル》を一掃するため、国防総省は特殊部隊のチームを編成していた。この任務の指揮に当たったマクリスタルは筋金入りの兵《つわもの》として有名で、ときには司令官自ら敵国での危険な深夜の襲撃作戦に同行するようなタイプだった。このとき四十九歳、マクリスタル自身もかつては陸軍のエリート部隊として勇名高き第七五レンジャー連隊の兵士だった。「さらに遠く、早く、激しく」の信条と、ノルマンディー上陸作戦から『ブラックホーク・ダウン』の書籍や映画で描かれたソマリアのモガディシュの戦いに至る戦歴で知られた部隊だ。長距離ランナーでもあるマクリスタルの自己鍛錬の厳しさは伝説的で、毎日一一〜一二キロ走り、食事は一日一回、睡眠時間は四時間に満たなかった。そのマクリスタルが米軍統合特殊作戦コマンド（JSOC）の司令官の座に就いたのはわずか四カ月前。そして今、人並み外れたエネルギーを注ぎながら、イラクのスンナ派の間ではアメリカの占領に対するもっとももどう猛な敵として有名になりつつあったテロリストを追っているのだった。

この晩の作戦は、イラク全土の中でも極めつけの危険な界隈で一軒一軒家捜しをしなければならない恐ろしい任務だった。この一カ月余りのち、ファルージャでは治安警備会社のアメリカ人契約警備員四人が殺害され、その舞台として永久に記憶されることになる。四人は襲撃を受け、遺体は切り刻まれた上に通りを引き回され、焼かれ、ユーフラテス川にかかる橋から吊るして放置された。しかしこの時点ではまだ、この夜の捜索先はGPSが指し示した戦闘地図上の座標の一つにすぎなかった。それは米軍の諜報活動で上がってきた場所で、捜索を終えたらリストから消す、それだけの対象だった。拳銃を装着し、部下の隊員たちと高機動多目的装輪車《ハンヴィー》に乗り込んで現場へ向かったとき、マクリスタルの目的は戦うことではなく、観察することだった。

これは隠密の奇襲作戦などではなかった。ヘリコプターで村に降り立つようなことはせず、マクリスタルと部下たちはバグダードからハンヴィーと装甲車の隊列を組んで、街灯のない街路を大きな音を立てて堂々と進み、西のヨルダンとシリア方面へと続く高速道路一号線に乗った。ほとんど車通りのない高速道を走ること一時間、砂漠の眺めが平たい家々の屋根と貧相なヤシの木々が並ぶ景色へと変わるファルージャの郊外で停止した。暗闇の中で最初の標的の家屋を見つけると、特殊部隊デルタフォースの兵士らは扉からスタン手榴弾〔殺傷用ではなく、激しい閃光や音響を発して相手の行動能力を一時的に奪うもの〕を投げ込み、無言のまま緻密な精度で部屋から部屋へと急襲していった。

一軒の住宅では、武器が隠されていないか部下たちが捜索するなか、マクリスタルも玄関から入ってみた。ここでは電灯がついていたので、暗視用ゴーグルを跳ね上げ、眠りから叩き起こされた数人の男たちを部下の兵士らが尋問するのを見ていた。隣の部屋には女性たちと子供たちがいた。おおかた布団の上に座り、寒さをしのごうと毛布にくるまっている。子供たちはひょろりと背の高いマクリスタルを好奇心も露わに見上げていた。しかしマクリスタルは女性たちの目の中には別のものを見た――その後何年も脳裏から離れなくなった、ある濃密な感情だ。

「それは純粋で混じり気のない憎しみでした」とマクリスタルは言った。[3]

住人のいる家を部下が捜索しているときに、自分も入ってみたのは初めてだった。これ以降はそんな機会は数多くあり、マクリスタルの心に消し去ることのできない印象を残した。あるとき、ラマディでの襲撃作戦でのこと。隠れ家だと疑われた家から部下の兵士らが数人の男たちを捕らえてくると、両手を頭の後ろで組んだ姿勢でコンクリートの地面にうつぶせにさせた。すると家の中から四歳ばかりの幼い男の子が出てきた。腹ばいになっている父親を見て、男の子は地面に伏せている男たちの間を歩いてくると、ひと言も発することなく父親の横にうつ伏せになり、小さな両手を頭の後ろで組んだ。

マクリスタルはのちにこう語った――「われわれはいまだに自分たちを解放者だと思っています。しかしご存知のとおりの大男たちが――防護服を着込んだ巨体の男たちです――武器を携えてやって来て、ベッドのマットレスをめくったりするわけです。われわれは家具を破壊したりしていたわけではありません。部屋をめちゃくちゃにしていたわけでもない。でも誰かがあなたの家にやって来て、妻と子供たちの目の前で、ドレッサーの引き出しを次々開けて調べていくのを想像してみてください。『これがおれの家だったらどうだろうか?』と思ったのを覚えています。一生忘れることのできない記憶です」。

部下たちは捜索を終え、手入れの騒音と怒鳴り声は街路の先へと向かっていった。

特殊部隊のチームが隣の住宅棟へ移ったところ、黒っぽい服の屈強な体軀の人物が二階の窓を開け、闇に包まれた路地に飛び降りた。男は立ち上がり、手探りで裏通りへ出て、姿を消した。おそらくは鉄道線路を越えて北へ向かったか、陰に潜んで米兵らをやり過ごしたに違いない。米兵らは打ち捨てられた所持品を後になって発見して初めて、いかにわずかの隙でザルカウィを捕らえ損ねたかを知った。

大きなチャンスを逃したのだ。ものにしていればイラクでの戦いの歴史は変わっていたかもしれない。米軍部隊がふたたびこれほどザルカウィに肉薄するのは一年以上も先のことになる。

着任から間もない特殊部隊司令官のマクリスタルにとって、ザルカウィを取り逃がしたのは残念なことではあった。だが彼もほかの米軍の将軍たちも、このヨルダン人がどれほど破壊的な男になるか、まだ想像もしていなかった。のちに回想録の中で、マクリスタルはこのファルージャの最初の任務を「イラクの戦いが内戦と化し、本当に地獄のようになる前の」比較的平穏な時期だったと記している[4]。

「われわれの失敗から多くの血が流れるようになることは、その時点ではまだはっきりわからなかった。あの晩、ザルカウィはまだイラクの破滅の元凶ではなかった」とマクリスタルは書いた。

だがマクリスタルにも来るべき戦いの輪郭は見え始めていた。あのイラク人一家の目の中に、資金や志願者を集めるためにザルカウィ（または同様の人物）がつけ込むことができるような、生々しい感情を垣間見たからだ。停電、溢れる下水、それに慢性的な職不足などが何カ月も続き、多くのイラク人は怒りを感じていた。米兵による民家の強制捜査は、必要だったとはいえ、その怒りを煽るばかりだった。こうしたすべてが「怒りを生んでいた。それもきわめて当然ながら、われわれに対する怒りを」とマクリスタルは書いている。

「ザルカウィはすでに計算づくの野蛮さでわれわれの失敗につけ込み、われわれを無力または邪悪、あるいはその両方であると人びとに思わせていました。あの晩ザルカウィが闇に消えたことは厄介ではありましたが、私はあのイラク人一家のことで頭がいっぱいでした。われわれを見つめるあの人たちを見つめていたとき、この戦いは長く、厳しいものになることに私は気づいたのです」――そうマクリスタルは語った。

しかし相手はニューヨーク州に匹敵する広さ〔日本の面積の四割弱に相当〕のアンバール県の全域に潜む武装反乱組織網であり、それを根絶やしする任務に見合う部隊を編成しなければ、マクリスタルは戦いを始めようがなかった。アメリカ陸軍の部隊がこんな難題に直面するのはベトナム戦争以来で、二〇〇四年初頭にイラク全土に展開していた陸軍と海兵隊の部隊は、戦える態勢にはほど遠かった。

マクリスタル自身、その場その場で臨機応変に職務を学んでいた。スピード出世をしてきたマクリスタルは、いわば問題処理の専門家として鳴らしていた。組織の機能不全を鋭く見抜き、大胆な改革も決して厭わない、革新的に考えることができる人物として評価されていた。

陸軍一家に生まれたマクリスタルは――父親は少将で、兄弟姉妹は五人全員が入隊するか軍人と結婚した――青年時代はきわめて優秀な問題児だった。名門ウェストポイントの陸軍士官学校に入学を果たすも、飲酒や不服従で罰則点〔服装や言葉遣いなどの校則を破ると一点課される〕を一〇〇点も課される始末だった。続いて特殊部隊学校へ進むことを選んだが、士官として出世コースをめざすには、好意的に見ても遠回りと言うしかなかった。しかしマクリスタルは人並み外れた活力と、現状に満足しない気質で何度も上官たちを感嘆させた。やがてその厳しい自制心――そして自分の指揮下の部下たちに常に高い水準を要求する粘り腰――によって、生涯ついてまわる愛称を得た――「法王」である。

マクリスタルは二〇〇一年の九・一一同時多発テロの数カ月前に准将に昇格し、アフガニスタンにおける軍事作戦の立案に短期間かかわったのち、統合参謀本部の作戦部副部長に任命された。イラク戦争が始まると、毎日テレビ中継される国防総省での報道陣相手のブリーフィングを担当させられた。二〇〇三年四月十四日、イラク政府の降伏を国防総省が公式に発表したときも演台に立っていた。「主たる戦闘行為は終結したと私は予測しています」とマクリスタルは述べた。(5)

そのわずか半年後、マクリスタルはイラクにいた。開始されたばかりの軍事作戦でエリートの特殊部隊《コマンド》と情報部員らの混成部隊を指揮していたのだ。晩秋から冬にかけて、マクリスタルが部隊とともに初めて主要な駐屯地を回ってみると、たしかにイラク全土が混乱に陥りつつあるように見えた。民族的な分断のある北部の都市モスルでさえ、かつてはアメリカ主導のイラク再建の成果を示すモデルケースとしてもてはやされたが、今や米軍による治安維持も後退しつつあった。モスルは第一〇一空挺師団が陥落させたのちに占領したが、指揮を執った当時の少将、デイヴィッド・ペトレイアス〔二〇〇七年には大将に昇進、二〇一一～一二年にCIA局長〕はすばやく対応し、行政施設や学校の再開、地元の治安部隊の再建、そしてインフラの修復などを行なった。ところが二〇〇四年一月、ペトレイアスがこの都市をより小規模な米軍の守備隊に任せて間もなく、武装反乱軍が潜入してきた。マクリスタルが何度目かにこの地域を視察したときには、随行者らを乗せたヘリコプターの一機を狙撃兵らが撃墜したほどだ。

あまりにも多くのことがおかしくなっていた。しかもあまりにも急速に。それなのに、マクリスタルがバグダード国際空港に設置された最初の本部に着任したとき、米軍が突然直面させられていたこの新たな戦争に対し、まとまった戦略らしいものがほとんど存在しないことにマクリスタルは愕然とした。この武装反乱に対処するために創設された特殊部隊のチームでさえ――一般に「タスクフォース6-26」と呼ばれるが、戦いが長引くうちに何度か改称された――戦場で収集したり、情報提供者から引き出したりした機密情報の扱い方の基本的な手順すら決めていなかった。

啞然とするような体たらくも見られた。ある日、新たな拘束者たちのための収容施設を訪れたマクリスタルは小さな事務室の前を通りがかった。そこは強制捜査で押収した証拠物の回収所となっていた。室内には文書、ノート、コンピュータ、携帯電話その他の残骸などが腰の高さまで堆く積み上げられていた。その多くはゴミ袋や空の土嚢に放り込んだまま、精査もされずに放置されていた。

「あれは何だ?」と、マクリスタルは補佐官に訊いた(6)。

「拘束者たちと一緒に運び込まれてきたものです」と返答があった。

「つまり、生《なま》の機密情報じゃないか。それをどうしているんだ?」とマクリスタルは問いかけた。

「通訳者たちに時間の余裕があるときに、ここへ呼んできて見てもらっています」と補佐官は言う。

マクリスタルは激怒した。

「信じられませんでした」と、のちにマクリスタルはそのときの思いを回想した。「通訳者たちに暇《ひま》な時間なんてあるわけがないんです。それに何を探せばいいかだって彼らにはわからない。だからその押収品の山はただそこに放置されたままで、まさに熟した果実が腐りつつあったというわけです」

着任して数カ月後、マクリスタルはイラクとアフガニスタンから米軍統合特殊作戦コマンド（JSOC）の司令官たちを集め、両国で展開されている武装反乱について話し合う二日間の会議を開くことにした。事前に課題図書を指定し――武装反乱への対応について解説した一九六一年のフランスの古典的名著『近代戦争』も含まれていた〔一九四〇～五〇年代のインドシナ戦争に従軍した著者が、フランス軍が直面したゲリラ戦などの状況を描いたもの。原著はRoger Trinquier, *Modern Warfare*として英訳されている〕――映画『アルジェの戦い』の上映もセッティングした〔イタリアのジッロ・ポンテコルヴォ監督作品。ベルリン映画祭金獅子賞受賞作。制作五〇周年を記念して二〇一七年にかけて日本各地で再映された〕。フィクションだが史実に沿った一九六六年の作品で、一九五〇年代にフランス陸軍がアルジェリアの民族解放戦線（NLF）による武装反乱を制圧しようとして展開した、血みどろの戦いを描いたものだ。上映後、マクリスタルは二つの厄介な問題をめぐって参加者たちに議論をさせた。第一は拷問の使用で、それが最終的にいかにフランスの立場を戦術的にも道義的にも損なったかという点。もう一方は、マクリスタルが「アルジェリア文化に関するフランス陸軍の無知」と呼んだもので、武装反乱軍のメッセージがなぜアルジェリアの膨大な数の一般市民に大きな魅力を持ち得たのか、という点も含まれていた。目の前の紛争との共通点は驚くほど明白だったが、マクリスタルは核心を強調しようと壁の方を指さした。

「われわれは壁の向こうの鉄条網の外で何が起きているのか、根本的に理解できていない」とマクリスタルは言った。(7)

マクリスタルにとってさらに驚きだったのは、外国人であるザルカウィが一年足らずでイラク国内にこれほど見事なテロリスト・ネットワークを築けたことだった。イラク人たちの支援を得ていたことは間違いなかった。だがそれだけでなく、ザルカウィはオルガナイザーとして、そして戦略家として、否定し難い能力を発揮していた。

推測される拠点から何キロも離れた地点で攻撃を実行できることからして、ザルカウィの機密情報の収集能力は目を瞠《みは》るほどの成果を挙げていた。自分自身の安全確保も驚くほど高度なもので、米軍の電子的な監視網にぎりぎりかからずに行動する術《すべ》も心得ていた。作戦遂行に関しては大胆かつ慎重。比較的ねらいやすい標的と、強力だが単純な設計の爆弾を選んでいた。もっとも印象的だったのは戦略的思考力だった。ザルカウィはただ戦争をしようとしていたのではない。戦場のあり方を一変させ、テロ活動を一種の残虐なるつぼとして、自らの目的に合わせて新たな敵をも味方をも生み出すために利用していた。この時点では、イラクのスンナ派とシーア派の間に憎悪を巻き起こすことがザルカウィのねらいだった。

こうした両宗派間の反感はイラクという国に深く根を下ろしていた。イスラーム教開教当時の世代にまでさかのぼる殺戮《さつりく》や虐殺の遺産である。そうではあるが、とくに二十世紀の最後の数十年の間には、イラクの人びとは共通の国民的アイデンティティと、イラク人特有の愛国心を抱くようになった。それは当時のシーア派神権国家イランとの八年に及ぶ戦争を通じていっそう深まった〔一九八〇〜八八年のイラン・イラク戦争〕。サダム・フセインが打倒される以前は、イラクの学校や大学ではスンナ派とシーア派の人びとは気軽に交流し、隣人同士として同じ地区に混じり合って暮らすことも多かった。それが今、多くはザルカウィのおかげで、イラクはそれぞれに武装した居住区域に分離されつつあった。あっという間に夜間はシーア派、スンナ派双方のギャングの天下となり、互いに報復殺人をしては、切り刻まれた遺体を路地裏や灌漑用水路に投げ捨てた。

マクリスタルはのちに書いている――「ザルカウィは自分と同じ目でイラクを見るよう、イラクの人たちをけしかけようとした。そしてザルカウィの目から見れば、イラクの人びとは同胞でも同僚でも隣人でも姻戚でもクラスメイトでもなかった。同じ信者仲間か、さもなければ恐るべき敵で、その恐れに任せて抹殺すべき対象だったのだ」。

ザルカウィはイラクの暫定政権とアメリカ人の占領者たちを苦しめようと思ったわけだが、ザルカウィがけしかけた宗派間闘争は瞬く間に独自の勢いを増していった。シーア派民兵の自衛組織にはザルカウィ配下の悪漢どもに劣らず凶暴な連中もおり、住宅街区をまるごと支配下に置き、米軍部隊だけでなくスンナ派のライバルたちとも陣取り合戦を繰り広げた。なかにはバドル旅団のように、イランの治安組織である革命防衛隊に武器、訓練、そして資金などの援助を求めるグループもあった。するとイラン側はすぐにアメリカを苦しめる好機ととらえ、さっそく息のかかった部隊をイラク国内で活動させ始めた。一九七九年のイラン革命でシーア派のアーヤトッラー・ホメイニが権力の座に就いて以来、アメリカはイランの不倶戴天の敵で、イラン・イラク戦争ではサダム・フセインに武器を提供したほどだった。間もなくイラクの幹線道路にはイランで設計された簡易爆弾がばらまかれたが、米軍のハンヴィーの装甲を貫通する特別仕様のものだった。

ザルカウィは実質的に三つ巴の争いをつくり出したが、なかでも米軍はほかの二者から同時に攻撃される立場にあった。ザルカウィがビン・ラディンへの手紙で熱意を込めて描写した「胸くそ悪い」

闘争は、『残虐行為のマネジメント』という本にその要点が記されている。二〇〇四年初頭からジハーディスト系のウェブサイトで出回り始めたこの本は、イスラーム主義過激派の究極的な諸目的を達成するために、ひるむことなく残忍であれと読者を煽り立てた。

自称アブー・バクル・ナジというアル＝カーイダ系理論家のその著者は次のように書いている――「われわれがジハードにおいて暴力を発揮せず、軟弱な心にとらえられたなら、力を獲得する手立てを失う大きな原因となるだろう。大衆を戦闘に引きずり出すには、敵対意識を焚きつけ、望むと望まざるとにかかわらず人びとを戦闘に加わらせるような、いっそうの行動を要するのである」。

著者はさらに続ける――「われわれはこの戦闘をきわめて暴力的なものにしなければならない。一瞬先は死、というほどに」。

ビン・ラディンへ手紙を書いてから二週間にもならないころ、ザルカウィの爆弾製造員たちはさらなる一撃を加えようと準備を進めていた。シーア派の一般市民を標的にした攻撃としては、開戦以来最悪の流血をもたらすことになる。

二〇〇四年三月二日は「アーシューラーの日」として知られるシーア派の聖日だった。シーア派でもっとも崇敬される一人、フサイン・イブン・アリー――預言者ムハンマドの孫――が殉教した日として、世界中のシーア派信徒が哀悼の意を捧げる。この年、この聖日はイラクのシーア派信者にとっては格別な意味を持っていた。巡礼を厳しく制限する政策を敷いたサダム・フセインとその政権の崩壊以来、初めて迎えるアーシューラーの日だったからだ。

午前中も半ばとなると、バグダード、そしてフサイン・イブン・アリーが殺害されたと言われるイラク中部の都市カルバラーでは、シーア派の聖廟などに大群衆が詰めかけていた。非公式の推計では、訪れていた何万人というイラン人も含め、一〇〇万人を超えた。両都市の巡礼者たちの中を、コートの下に重たいベストを隠して着用している数人の若い男たちが静かに群衆をかき分けて進んでいた。午前一〇時。ほぼ同時に複数の爆発が群衆を切り裂き、爆弾の金属片や人体の一部を吹き飛ばした。パニックに陥った人びとが逃げ出しはじめると、数ブロック先から放たれた迫撃砲弾が広場に着弾し、さらに数十人を殺害した。捜査員らはのちに一二発の爆発があったとし、一八〇人近い死者を含め七〇〇人以上が死傷したと発表した。

このときは、アメリカ政府当局者たちは直ちにザルカウィが犯人である可能性が高いと名指しした。二四時間と待たずに、中東における米軍の司令官のトップ、ジョン・アビザイド大将は議会の委員会に対し、アーシューラーの日の爆弾事件と「ザルカウィを結びつける機密情報」を入手していると告げた。

「高度な組織化と、罪のない礼拝者たちを死傷させようとの欲望は、ザルカウィのネットワークの顕著な特徴です」と、アビザイドは三月三日に証言した。[8]

多くのイラク人は非難を別のところに向けた。イラクを代表するシーア派の聖職者であるアーヤトッラー・アリー・アッ＝シスターニはアメリカ人の占領者たちを糾弾した。かつては、問題はあれどもおおかた安定していたこの国で、治安の崩壊を招いたからだった。ほかにもまさにアメリカ人ら自身がこの虐殺の裏にいるとし、ムスリムがこんな非道なことをできるはずがないと固く信じる人たちもいた。

ジャーナリストらに噛みつく人もいた。多くのイラク人にとっては、目の前にいる記者たちこそもっともわかりやすく西洋を象徴する存在だったからだ。爆発で損傷したバグダードのイマーム・ムサ・アル＝カダム・モスクの近くでは、頭から爪先まで黒い民族衣装のアバーヤで身を包んだ女性がアメリカ人記者二人をつけ回し、大声で罵っていた。

「あんたたちアメリカ人はどうして私たちをこんな目に遭わせるのさ？」と、女性は金切り声を上げた。[9]

ザルカウィがわずかな武器、多少の現金、そして自らの野望だけを携え、イラク中部にやって来て一年足らず。公言していた目的は、アメリカ人の占領者たちを孤立させ、悩ませること、そしてイラクのシーア派とスンナ派のコミュニティの間に紛争の火をつけることだった。ザルカウィはその両方を達成することに成功した。それどころか、ザルカウィがそそのかした暴力の責任を、イラクの人びとはアメリカ人になすりつけるようになっていた。

ザルカウィのもくろみどおり、イラクは混沌へと陥りつつあった。そして間もなくザルカウィは、イラクの惨状をさらに深め、欧米諸国を震え上がらせるために、新たな戦術を披露することになる。だがその前に解決すべき案件があった。ザルカウィはいちばん最初の憎悪の対象を忘れてはいなかったのだ――ヨルダンである。

11 「アル＝カーイダのどんな仕業も及ばない」

二〇〇四年二月二十九日、ザルカウィが敬愛する母、ダラー・ハライレーが白血病との長い闘病の末に亡くなった。死の床にある間、溺愛する息子が姿を現すかとヨルダンの情報部員たちは何週間も自宅を監視し続け、葬儀にも目を光らせた。だが現れなかった。

ザルカウィは四月六日、ヨルダンの法廷でアメリカ人外交官ローレンス・フォーリーの殺人に対し、欠席裁判で死刑を宣告されたが、このときも姿を消していた。ザルカウィは代わりにプレゼントを用意した――決して忘れてはいないぞという、ヨルダン王国首脳らへのメッセージだ。ザルカウィの構想としては、これまでイラクでやって見せたどんな行為をも上回る途方もないスケールの意思表示になるはずだった。恐るべき一撃によって、ヨルダンの治安機関を骨抜きにし、王政を麻痺させ、現代のイスラーム主義戦士最大の大物ウサマ・ビン・ラディンすらかすませてしまおうというのだ。

その任務のためにザルカウィが選んだのはパレスチナ系ヨルダン人のアズミ・アル＝ジャユーシだった。[1] ずんぐりとして、赤褐色の髪が薄れつつあるヨーロッパ系の色白の顔立ちをした三十五歳。アフガニスタン時代からザルカウィと行動をともにしてきた男だ。アフガニスタン西部のヘラートにあったザルカウィの訓練キャンプで爆発物の製造技術を身につけ、その代償に、あるとき指を一本失った。ザルカウィがイラク北部の山岳地帯へ移ると、ジャユーシはアンサール・アル＝イスラームの化学実験室で仕事に取りかかり、単純な毒物であれこれ実験しては野犬でその効果を試した。今、ザルカウィが膝を交えて相談したのは、ジャユーシの才能を総動員した爆発装置の開発だった。それは建物を瓦礫にするほど強烈な巨大な爆弾で、さらに同時に、首都アンマンの都心部で有毒ガスの雲を拡散させるのだ。通常型爆弾を使って放射能を拡散させる放射性の「汚い爆弾《ダーティー》」に似て、目に見えない有毒物質を都会に漂わせてパニックを巻き起こす、これこそ真のテロ兵器となるに違いなかった。ザルカウィの部下たちはこれを「化学自爆攻撃」と呼んだが、風向きによっては何千人も殺害できる可能性があった。

だがまず爆弾製造役のジャユーシは標的となるヨルダンに潜入する必要があった。ザルカウィ同様、ジャユーシもヨルダンの総合情報部《ムハーバラート》ではよく知られた存在だった。一九九〇年代に過激派の活動との結びつきから逮捕・投獄されたことがあったのだ。偽造パスポートを使っても国境で気づかれるかもしれなかった。ザルカウィはそんな危険は犯さなかった。ザルカウィの活動の後方支援任務《ロジスティクス》の面を取り仕切るリーダーで、数カ国語を操るシリア人の歯科医師、アブー・ガディィヤの力を借りることにした。ジャユーシと仲間一人をガソリン運搬用のタンクローリーに隠し、シリアからヨルダンへと国境を越えさせる計画を立てたのだ。ガディィヤは二人のテロリストがタンクそのものに隠れられるように手はずを整えた。酸素吸入用のチューブの付いた一室をタンク内に作り、通関を終えてシリアからヨルダンへと越境するまでの二時間の旅の間、気化したガソリンにやられないようにした。ジャユーシたちは爆発物の作り方のメモと、ヨルダン・ディナールとユーロの分厚い札束――最終的には二五万ドルを超えることになった予算の第一弾――のほかは一切物資を持っていかないことにした。

こうして無事国境を越えると、ジャユーシが準備に取りかかれるよう、ヨルダン人の一味の者らがすばやく隠れ家へ送り届けた。ジャユーシは中古のオペル車を手に入れると、さっそく必要なものを買い漁った。助手たちに命じてヨルダン北部の三つの町で倉庫を賃借させ、それぞれ異なるディーラーからさらに四台の車を購入した。その一台はシボレーのカプリスで、強力なV8エンジンと、とびきり頑丈な鎧並みの車体は検問所を突破するのに十分なパワーを備えていた。ほかの三台はトラックを買い、その二台は巨大な爆弾に改造する予定で、三台目は化学物質用のタンクを積載する。最後にジャユーシは助手たちをチームに分け、十数種類の仕事を割り振った――トラックに強化型のバンパーを溶接したり、農薬、青酸カリ、過酸化水素、グリセリン、アセトンといった化学物質を、疑念を持たれない程度の分量ずつに分けて購入・備蓄することなどだ。間もなくヨルダン北部のイルビドという町の小さな倉庫内の壁際に、合計二〇トンの物資が警告を記したオレンジ色のラベルを貼った瓶や木箱に入れられて並んだ。作業員のなかには実際に任務を遂行する予定の者も一二名いたが、彼らには生きて帰れる望みは初めからなかった。

ジャユーシは邪悪な巨匠《マエストロ》のごとく作業を監督し、盗聴される恐れのある電話通話を避けるため、中古のオペル車のハンドルを握って倉庫から倉庫へと回った。そんな見回りの合間には、標的の候補地に関する機密情報を自ら収集するためにアンマン市内を走り抜けた――ムハーバラート本部、宮殿が立ち並ぶ王家の宮廷屋敷地、アメリカ大使館、店舗や飲食店が入った五階建ての真新しいメッカ・モールなど。

ジャユーシはヨルダン国内を邪魔もされずに自由に動き回れることに気づいた。そして四月半ばの期限までまだ何週間かあるというとき、気を緩め始めた。大の甘党で知られたジャユーシはクナーフェを買いに菓子店に顔を出した。クナーフェとは、甘くしたチーズを長い麺状のペストリーでできた皮で包み、イタリアのカノーリに似た筒状にした菓子だ。さらにジャユーシはもっとリスクの高い遠出を検討しはじめた——かつて暮らした地区へ妻に会いに行きたくなったのだ。妻は彼がヨルダンにいることなど知る由もない。だが会いたいと気は急くとはいえ、彼女に連絡を試みるようなことをすれば、気づかれてムハーバラートへ通報されることぐらいジャユーシはわかっていた。

だが最終的に、孤独なジャユーシの心の中で愛が慎重さを押しのけた。四月初旬のある日、助手の一人を自宅へ派遣した。両親を訪ねた帰りに妻が自宅へ向かって歩いて来るのを見つけると、助手は彼女の横へ車を寄せて正体を明かした。二人がわずかに言葉を交わすと、妻は屋内に消えた。ふたたび姿を現したときにはいくつかの荷物を手に、子供たちを引き連れていた。

ジャユーシの計画は形を成しつつあった。そして準備万端整うのを待つ間、今や持て余した時間は妻と過ごすことができた。

ザルカウィの強烈な爆弾を標的に見舞う決行日まで、二週間を切っていた。

ほぼ間髪を入れずに諜報網の仕掛け線がけたたましく反応しはじめた。遠方の地方都市や首都の郊外の周縁部から始まり、目に見えないネットワークを通じてムハーバラートの作戦本部へと、脈を打つように情報が伝達された。ムハーバラートの監視員たちは、まずばらばらなパズルのピースを見つけた。たとえばある日を境に、ザルカウィの仲間として知られるパレスチナ人のジャユーシという男の家族全員が、まったく姿を消してしまったとか。このジハーディスト本人はもう何年もヨルダンでは姿を見せていなかった。家族を密出国させてイラクへ呼び寄せたのか？

さらに大きな手がかりがアブー・ムタズのデスクに届けられた。ムタズはテロ対策担当の若手情報将校で、一九九九年の恩赦で獄中から戻ってきたザルカウィを更生させようとした人物だ。それから五年近く、ムタズは大尉となり、部下や責任範囲は全国の地方事務所にまで広がっていた。そしてこのとき、シリアとの国境に近い町、イルビドのオフィスに複数の報告が上がってきていた。大金を持った見知らぬ者たちがきわめて特殊な買い物を次々としているという——中古だが頑丈な乗用車やトラックを数台、それに住宅や人通りのない場所にある倉庫の賃貸契約。

ムタズは詳しい情報を要求した。すると謎の買い物客たちは地元の人びとの好奇心をそそるほど妙な動きをし、それ以来疑念が深まっていることがわかった。その人物たちの正体を通常の方法で探っても埒《らち》が明かなかった。実は買いに来た連中が本当の購入者でないことがすぐに判明したのだ。

「仲買人を使っているわけだ。誰が背後にいるか、われわれはまったくつかめていないのだ」とムタズは結論づけた。(2)

ムハーバラートの情報部員が仲買人の一人を拘束した。かつて疑わしい商売をして問題を起こしたことがある四〇代の地元の自動車仲介業者だった。法に触れて以来、真人間になって信仰さえ持つようになったが、狂信者ではなかった。ムハーバラートにアプローチされるとひどくうろたえ、シボレー・カプリスを買うために自分を雇った男たちについて、覚えていることをすべて口早に吐き出した。

「私は手数料すらもらってませんよ!」と、そのブローカーは訴えた。

しかし彼が提供した男たちの名前は偽名だと判明し、メモに書きつけてあった電話番号ももはや使用されていなかった。こうなるとムハーバラートが手にしている唯一の確実な手がかりは外見だった。まずシボレーとドイツ製の黄色い大型トラックを含む車両の具体的な様子。それに購入者である謎の男たちに関する曖昧な証言。登録証からナンバープレートに至るまで、車両の取引にかかわるすべてが盗難品や偽造品だったのだ。

その一方で、もっと気がかりな報告がムタズのもとに舞い込み始めていた。イルビド周辺の金物店数軒から、特定の化学物質が現金で大量に購入されたというのだ。いずれも爆発物への利用が可能なことからムハーバラートが厳重に監視しているものだった。危機感を抱いたムタズは上司たちに伝えた。するとすぐに全国に散らばる情報部員らがシボレー・カプリスと黄色いトラックの緊急捜査に乗り出した。

「私たちは我慢強く情報を集めていたんです。あの化学物質の件を聞くまではね」と、ムタズは当時を回想した。「分量から言って、これはもはやちょっと武器でも作ろうとしているひと握りのテロリストたちを追うような話ではありませんでした。もっと大きな計画らしかったのです」

この時点では、ムハーバラートの幹部たちはアメリカの情報部員らをこの件に引き込む必要は感じていなかった。特定の標的は挙がっていなかったし、イルビドで何が画策されているにせよ、アル=カーイダやザルカウィの関与を示唆するものもなかった。現実的に見て、ＣＩＡが活躍できそうな要素はほとんどなかった。こうした案件の解決に欠かせないスキルはすでにヨルダン側が持っていた。それも豊富に。アメリカ側は潤沢な資金や高度な技術を持ち合わせているが、ヨルダン側は足で稼ぐ泥臭い諜報活動にかけてはアメリカ人にはない技能を身につけていた。そしてムタズはなかでもトップクラスだと多くが認めていた。

アブー・ムタズは小都市タフィラの出身。ヨルダン川東岸の三〇〇〇年の歴史を誇る町で、学歴や財産よりも家柄がものを言う土地柄だ。ムタズは優秀な成績と部族のコネクションを使ってカタールへの留学を勝ち取り、ジャーナリズムを学び、新聞社かテレビ局で働くことを考えていた。しかしそうはせず、就職試験で好成績を収めてムハーバラートのごく簡単な仕事のポストのオファーを受けた。すぐに文才で頭角を現し、テロ対策部長のために報告書の草案を書く任務を任された。だがムタズはむしろ現場の情報将校として持って生まれたものがあり、ジハーディストらを情報提供者に転向させることにかけては見事な才能を発揮した。特段信仰心が篤いわけでもなかったが、裏表のない堅実な態度で人の信用を得た。「相手が誰であろうと、その心を開くための鍵がある——あとはそれを見つけるだけだ」と、ムタズはよく口にした。

だがイスラーム主義過激派を口説き落とすには、ほぼ例外なく第二の鍵が必要だった——よそ者を寄せつけないある種の宗教的な規範を乗り越えなければならないのだ。その点ムタズはたいていのジハーディストには負けないほどコーランを熟知していた。ときには一人の拘束者に対して、相手が挙げる一つひとつの詩節について何時間でも倦むことなく神学論争に応じることもあった。そんなときは近くのモスクへ礼拝に行くと言って、数時間の休憩をとることも多かった。だが実際は街に出て、ホテルのバーでビールを一杯か二杯引っかけて気合を入れ直すのだった。

そうした仕事は途方もない忍耐力も必要だったが、ムタズには天賦の才があった。あるときはたった一人のジハーディスト――情報提供者としての素質を秘めていそうな過激派の若者――を協力者にするのに四カ月を費やした。その青年はこれからどうすべきか、様子見をしているようだった。アフガニスタンで戦闘員の訓練を受けたものの、ヨルダンに戻ってからは家族や世俗の暮らしを捨てられなかった。そこでムタズは青年の親を使って押してみようと考えた。よく通う店など、母親についてできる限りのことを聞き出すために、自宅周辺に張り込みをした。母親のお気に入りの食料雑貨店を見つけ、店主と親しくなっていった。そしてある朝、ムタズは籠いっぱいのひな鳥の肉――ヨルダンではご馳走の土鳩《どばと》――を持って店に現れ、ジハーディストの青年と母親、それに自分を特別に招待して昼食会を開いてくれと頼んだ。会の当日、ランチが終わろうとするころになってムタズは母親を部屋の隅へ連れて行き、賢くて才能があること間違いなしの息子がムハーバラートの拘置所行きにならないように、手を貸してくれと言った。ムタズと母親は友情を結び、従順な息子はムタズにとって最高の情報提供者の一人となったのだった。

今、ムタズはあらゆる手づるを使い、お抱えの街の情報通たちを一人残らず動員し、大規模テロ計画の恐れが出てきた一件について具体的な手がかりを探しにかかった。ムハーバラートは組織を挙げて、地道なローテクの技を活かして捜査に当たっていた。情報機関の連中がテロ攻撃を未然に防ごうと必死に情報を求めている――そんな噂がさまざまな部族のネットワークや村々の集会を駆け巡った。

突破口を開いてくれたのは、飛び込みの情報提供者だった。イルビドのあるビジネスマンが手がかりになりそうな話を持って地元の警察署にやって来たのだ。その男はムハーバラートの捜査のことを聞きつけ、自分の最新のテナントたちが何らかの形で関係していないかと感じたのだった。男は最近、イルビドとアンマンを結ぶ幹線道路沿いにある車庫と倉庫を賃貸に出したが、借り手は現金で支払い、目的も妙に曖昧な、見慣れぬ連中だった。しかも客は一向にやって来ないばかりか、借り手の男たちは不自然なほど秘密主義で、道路に面した窓を覆い、敷地の周りに自費で塀まで巡らせた。あるとき、敷地を訪れたオーナーの男は窓の覆いの隙間から内部を垣間見ることに成功した。

「中には大きなトラックがありました」と、男は警察に告げた。

警察は倉庫に急行し、不意を突かれた数人の作業員は抵抗もせずに降参した。室内の貯蔵室には、爆弾の原料となる化学物質の容器がペンキの缶のように積み上げて並んでおり、ムハーバラートの職員らの見立てでは、アンマン中心部を広範囲にわたって壊滅させるに十分な分量だった。爆発力を高めるのに使う袋詰めのクミンの種も別の一角で見つかった。そして車庫には男の証言どおりトラックがあった――ドイツのMAN《エムアーエヌ》社製の黄色いトラックで、ムハーバラートの捜査リストの描写と完全に合致した。作業員たちはそのトラックの前部に硬化鋼の枠を溶接し終えたばかりだったが、これは爆発前に標的の建物の奥深くまでトラックを突入させるためで、イラクの武装反乱グループが防壁を突破するのに使うものと同じだった。ザルカウィの爆弾を標的に送り込む仕掛けは完全に運用可能になっていたのだ。

ほかにも立て続けに強制捜査が行なわれた。残りの車両とジャユーシの実験室は倉庫から数キロ離れた別々の場所で発見された。ジャユーシは田舎の家畜農家に隣接する敷地を選んで実験室を設置していた。化学物質の混合物のにおいが漏れても近隣の人たちに気づかれないためだ。

すでにこの時点になると、尋問と実験室から押収された爆弾製造法のメモの断片などから、アブー・ムタズはほぼ正確にこのテロ計画のねらいをつかめていた。これは未曾有の自爆攻撃になるはずだった――従来型の爆発物と毒物を組み合わせた「汚い化学爆弾《ダーティー》」によって、有毒物質の雲が首都を漂い、殺害する。爆心地に選ばれたのはほかでもなくムハーバラート本部。最大の爆発はこの情報機関の車両専用の燃料補給所で起こすことになっており、それはムタズの執務室とさほど離れていなかった。

「やつらを見つけたときにはほとんど準備は整っていました」と、のちにアブー・ムタズは回想した。[3]「計画によれば、まず正門を襲撃し、携行型ロケット弾（RPG《アールピージー》）と小火器を使って警備員を殺害する。それから主力のトラック――ドイツのMAN社製トラック――が燃料補給所を破壊。続いて爆薬や有毒化学物質を積んだほかのトラックが順次追い討ちをかけることになっていました。爆発後は、現場は有毒物質の充満で救急車両も入れなくなっていたでしょう。世界中を見回しても、これまでアル＝カーイダがやってきたどんな仕業も及びません」

だがまだ一つ駒が欠けていた――爆弾製造人のジャユーシ当人が行方不明だった。

ジャユーシは抜かりなかった。イルビドの活動班でもその正体を知る者はほとんどおらず、滞在先は誰も知らなかった。電話はプリペイド・カード型のものしか使わず、通話記録から行動を追跡されるのを防ぐために数日ごとに取り替えた。ムハーバラートの手入れが始まると、ジャユーシはアンマン郊外のパレスチナ人居住区、マルカにある隠れ家に潜伏。ムハーバラートの捜索をやり過ごしてから、逃亡するかふたたび挑戦するかのどちらかを考えていたのだろう。しかしヨルダン側はすでにジャユーシの氏名を――それも彼らがよく知る氏名を――突き止めており、国営テレビで放映できる指名手配用の写真も持っていた。それに結果的に決定打となった機密情報も入手していた。ジャユーシの妻子も一緒にいるということだ。ムハーバラートがどのようにしてマルカの隠れ家まで一家の足取りをたどったのか、偶然の一本の電話通話か、親戚の不注意か、それは判然としない。しかしいずれにしろ、二〇〇四年四月十七日、月曜日、夜の帳《とばり》が下りると同時に特殊部隊が集合住宅を取り囲み、爆弾作りが中にいると確信しながら位置についた。

日付が変わった四月十八日、午前二時一〇分、銃を構えた十数人の隊員たちが身をかがめて待機するなか、情報将校が扉をけたたましく叩いた。

「警察だ！」と隊長が叫んだ。

返事は扉を突き抜けてきた短機関銃の銃撃で、玄関の広間に弾丸と破片が飛び散った。隊員の一人が肩を負傷して倒れた。残る隊員たちは集合住宅になだれ込んだ。最初の護衛を撃ち殺し、電灯の消えた暗闇の部屋から部屋へとすばやく捜索していった。

ジャユーシは妻子と一緒に寝室に身を寄せ合っているところを発見された。罪のない人びとを大量に殺害できる爆弾の設計を専門とするその男は、自ら戦って身を守ろうとはしなかった。それどころか大きな危険を冒して連れてきた妻にしがみついているばかり。特殊部隊が侵入してきても、妻子を離そうとせず、軍用爆薬C-4の箱や導火線や起爆装置などの間に子供たちを寝かせていた。いずれもザルカウィの画期的な爆弾を完成させるための最後の部品ばかりだった。

夜が明けたその日の午前、一九九九年にパキスタンへ逃げ出すザルカウィと最後に会った男、アブー・ハイサム大尉は尋問室を覗き込み、ザルカウィに劣らず懐かしい顔を目にした。容疑者は、今はたった一人で椅子に座り、髪は乱れ、寝不足で目はむくんでいた。だがそれは紛れもなく何年も前の記憶にあるジャユーシだった。今はひげを剃り落とし、少し恰幅がよくなっている。そして今回は、二度と自由人として妻子と暮らせないことは間違いなしの容疑をかけられていた。

アブー・ハイサムは小さなトレーを持って室内に入ると椅子に座った。爆弾製造人は一瞬目を上げたが、その表情からは極度の疲労と敗北感しかうかがうことはできなかった。これなら手間はかかるまい、とアブー・ハイサムは思った。

アブー・ハイサムはテーブルの向こうへトレーを滑らせ、はちみつ漬けのチーズ・ペストリーをジャユーシの鼻先に突き出した。

「クナーフェでも食べろ」とアブー・ハイサムは言った。

二日後、アブー・ムタズは爆弾製造人のジャユーシが――このときはビデオカメラの前で――あらためて経緯を語る間、隣に座っていた。アンマンのいたるところで人びとは阻止されたテロ計画に関するニュースを見聞きしたが、公式発表によればアンマン都心部で最大八万人を殺害する恐れがあったと推測されていた。それなのにジャユーシはムハーバラートの情報将校の質問に対し、車の変速機の点検手順を説明する整備士のような抑揚のない単調さで返答していた。ジャユーシは密入国の様子から、資金調達、文書偽造、溶接工の手配、そして腐食性の毒物用に特殊な小型容器を製造したことなどを描写した。それから攻撃自体について語った。

シボレー・カプリスに乗る男たちはRPGで武装し、その任務は障害物を破壊し、警備員らを殺すことでした。それから大型のMAN社製のトラックが突入する。どんな障害物でも排除できるようなバンパーが取り付けてありました。総合情報部の中心部に着くまで走り続けられるように、壁すら突破できるように設計されていました。総合情報部の管理部門は中心部にあったと思います。そこでトラックは爆発する予定でした。

その爆発で死ななかった警備員がいたとしても、ショックで呆然としているか負傷しているでしょうから反撃はできないはずです。続いてほかの車両が一台ずつゆっくりと敷地に入り、それぞれ思いどおりの場所に止まるわけです。抵抗は受けないはずです。爆発物の専門家として、これで総合情報部と周囲のあらゆるものは破壊できると考えていました。離れたところにある部門でさえも破壊できると。(4)

テロ攻撃の理由を問われてジャユーシは初めて感情を露わにした。すべてはアフガニスタン西部のヘラートの訓練キャンプに足を踏み入れたとき以来、自分の司令官でありかつ指導者である(とジャユーシが呼んだ)男の命令によって行なわれたのだ、と言った。

「私はザルカウィに忠誠を誓ったのです。私は彼のために仕事をすることにした——言われるままに」と、ビデオカメラの前で語った。そうした作戦で命を落とすことは名誉だっただろう、とも。「もし死ねば、私は殉教者になる。そして私が殺した連中は地獄へ行く」とジャユーシは言った。

テロ計画の詳細を誰よりも深い懸念に駆られて追っていたのは、計画を夢想した過激派たちが最大の犠牲者として想定した人物その人だった。二〇〇四年四月の出来事はアブドゥッラー二世国王にとって、間一髪だったと言って済ますことができるようなものではなかった。アンマン都心部で化学爆弾を爆発させようとするとは、ジャユーシは紛れもなくイラクにおける戦闘をヨルダンの首都へと持ち込んだのだった。

イラクでひとたび暴力の噴出を許せば、それをきっちりと封じ込めることなどできないと、アブドゥッラーは以前から警鐘を鳴らしていた。米軍がイラクに侵攻する前にも、大統領当人を含むブッシュ政権上層部に大いなる危惧の念を伝えていたのだ。米軍が電光石火の勢いでサダム・フセインの軍隊に勝利した後でも、この戦争は「われわれが何十年にもわたって対処を迫られるような、思いがけないネガティブな結果」を生むだろうと、アブドゥッラーは中東の知人たちに見通しを語っていた。だがこれほどひどいことになろうとは想像していなかった。(5)

アブドゥッラー二世国王は米軍のイラク侵攻直後の状況についてもアメリカ政府当局者らに苦情を述べていた。二〇〇三年七月、イラクが混迷に陥る前、アブドゥッラーはホワイトハウスからイラクの暫定統治機構のトップに任命されたルイス・ポール・ブレマーと会い、イラク軍の解体とサダム・フセイン配下のバアス党員としてブラックリストに載っている人たちを解任するとの決定を、考え直すよう迫った。ヨルダンで開催されたある経済フォーラムの会合で、アブドゥッラーはブレマーを脇へ呼び寄せ、そんなことをすれば「われわれ全員の目の前で大破綻を引き起こしますよ」と警告したと、王は語っている。

アブドゥッラーは二〇一一年の回想録に次のように書いている――「私は彼にこう言った、もし一律全面的に非バアス党化を進めたならば、一律全面的に強力な抵抗を招くことを覚悟しなければならない。それに権力の空白が生まれ、それを誰かが埋めなければならなくなる。それをおわかりですよね、と」。イラク軍の解体については「ばかげている。わざわざ無秩序と混沌を招くものだ」と伝えたという。

アブドゥッラーによればブレマーの返事は無愛想だった。

「私は自分がやっていることはわきまえている。何らかの埋め合わせが行なわれるだろう。私はすべてを掌握しているので、おかげさまでね」とブレマーは言った。

アブドゥッラー国王から見れば、瞬く間に治安が崩壊したのは驚くに当たらなかった。自身もスンナ派であったから、何十年にもわたって特権的地位にありながら今やますます孤立し、脅かされているイラクの少数派たるスンナ派の人たちの気持ちはよくわかった。そうした不安は一部のイラク国民を過激なイスラーム主義へと走らせるに違いなく、さらにその者たちは国外のジハーディストたちを呼び込むだろう。当然ながらアル＝カーイダとその同盟者たちは中東で戦略上もっとも重要な一角に拠点を築くチャンスに飛びつくだろう。

「彼らは活動をアフガニスタンからアラブ世界の真っただ中へと移すこともできるだろう」とアブ

ドゥッラーは言った。

それからほどなくして、アメリカの新たな不手際が過激派を大いに勢いづけることになった。化学爆弾のテロ計画が発覚したその同じ月、イラクの悪名高きアブー・グレイブ刑務所で米兵が囚人らを虐待している画像をアメリカのテレビ局各社が放映したのだ。裸にされた囚人たちが犬用の首輪をつけたり、女性の兵士から性的に辱められたりしている写真が公開され、アラブの怒りが噴出した。その春、アブドゥッラー二世国王はワシントンを訪問中、囚人たちへの屈辱的な扱いに対してイラク国民に謝罪するようブッシュ大統領に強く勧めた。そしてブッシュはそのとおり、ヨルダン国王の隣に立って謝罪したのだった。

しかしほかの当局者たちは、イラク情勢は着実に改善されつつあるとのブッシュ政権の公式見解に反する見方に対しては、ほとんど関心がなかった。アブー・グレイブ刑務所のスキャンダルが物議を醸してから数カ月後、アブドゥッラー国王は著名なジャーナリストやブッシュ政権関係者らが参加したニューヨークのあるプライベートなディナーパーティーの席上、イラクの庶民の状況はどうかと質問を受けた。テロ攻撃が急増しているとはいえ、独裁者を排除したのだから女性の生活は当然改善されているのではないか、と招待客の一人が問いかけたのだ。

アブドゥッラーは答えた――「一〇倍はひどくなっていますよ。サダム・フセインの世俗主義の政権下では、男女はほぼ平等でしたからね」。

アブドゥッラーの率直さは同席していたブッシュ政権関係者の一部から反発を招いた。副大統領の長女で国務省近東局の高官だったリズ・チェイニーは、国王の補佐官の一人に向かって余計な忠告をした。国王の回想録によれば――そのような調和を乱す発言をアブドゥッラーは公の場ですべきではない、と言ったそうだ。補佐官は初めは冗談かと思ったが、翌日、チェイニーは電話をかけてきてふたたび念押ししたという。彼女は国王の発言についてポール・ウォルフォウィッツと話し合ったのだ、と言った。ウォルフォウィッツはブッシュ大統領のイラク政策の立案者の一人でもある国防総省の高官だ。そして二人は、アブドゥッラーは私見を口にすべきではない、という点で一致したというのだ。

アブドゥッラーは憤慨した。

「夕食会で私が述べたことは真実だった。だから私は衝撃を受けた――イラク問題について反対意見は許せないと、政権当局者と支持者の一部の人たちが感じていることに。そしてアメリカという、自説をはっきりと主張することを誇りとする国で、彼らが不都合なニュースを封じ込めようとしているということに」と、国王はのちに書いている。

アブドゥッラーにとってひどく明白なりつつあった現実は、イラクが炎に包まれているということであり、その炎が中東全域に危険な火の粉をまき散らしていることだった。ジャユーシと彼の有毒爆弾は火災旋風に乗ってヨルダンへと飛ばされてきて、ヨルダンのムハーバラートはかろうじてそれを阻止できたにすぎない。そしてその間にも、そのテロ攻撃を演出し、資金を提供した男はまだイラク国内に野放しで、ふたたび陰謀をめぐらすこともできるはずだった。

ムハーバラートは化学爆弾の考案者たちにもう一撃加えることにした。彼らジハーディストらの信用を落とし、彼らが危うく成功しそうになった犯罪の野蛮さを暴くために、ムハーバラートはビデオ撮影されたジャユーシの自白の抜粋を国営放送で流すことにしたのだ。首都の一部を瓦礫に化す計画を淡々と回想するそのパレスチナ人の姿をヨルダンの全国民が見ることとできるのだ。さらにアラブ諸国のニュース・チャンネルはこの独白劇を、イラクを含む中東全域でより幅広い視聴者に向けて放送した。イラクでは、ザルカウィが潜伏していた隠れ家のテレビ画面にもジャユーシのむくんだ顔が大写しになった。

ジャユーシと部下の戦士たちがどうなったかザルカウィは無論知っていたはずだ。だがビデオの放送を見て、ザルカウィも向こうを張って世間に向けて反論した。

「たしかに、ヨルダン総合情報部の施設を壊滅させる構想はあった」と、ザルカウィは音声録音用のマイクに向かって言った。この音声はイスラーム主義過激派系のウェブサイトで公開された(6)。

その中でザルカウィは、化学兵器というのはムハーバラートのでっち上げだとして批判をかわそうとした。「誓って言うが、もしわれわれが［化学爆弾を］保有していたとしたら、エーラトやテルアビブといったイスラエルの都市〔イスラエル最南端の港湾都市と、同国第二の政治・経済の中心都市〕を攻撃するのに使うことを一秒たりとも躊躇しないだろう」とザルカウィは述べた。そして戦いの標的はあくまでも軍事的なもので――背教者の政権とその治安部隊――ジャユーシと部下たちの逮捕は一時的な後退にすぎないと言い張った。

「われわれとヨルダン政府との戦闘には良いときもあれば悪いときもある」とした上で、ザルカウィはヨルダン王国に警告を発した――「震え上がるような出来事がおまえたちを待ち受けている」。

実際は、爆破計画が頓挫してザルカウィは落ち込んでいた。それはずっとのちに、情報提供者や拘束したジハーディストらの断片的な情報をつなぎ合わせて、ムハーバラートの情報部員らが当時の全体像を復元してみてわかったことだった。ザルカウィは何日間も続けて姿を消し、爆破計画について、そしてそれがなぜ失敗したのか、側近たちとも話そうとはしなかった。

ムハーバラートによるこの事件の再検証に参加したヨルダン人の情報部員は次のように語った——「ザルカウィとしてはこれぞ自分の『衝撃と畏怖』作戦になるはずでした〔イラク戦争開戦時の米軍の作戦名で、緒戦から相手に圧倒的な衝撃を与えて戦意を挫くという もの〕。世界的な名声をもたらしてくれるものだと。ザルカウィは自分の名前がビン・ラディンをしのぐことを心から欲していた。そしてさらにそれ以上に、総合情報部を痛めつけたくて仕方なかったのです」。

だがザルカウィの抑鬱状態は長くは続かなかった。すでに二〇〇四年四月末、思いがけないチャンスが巡ってきた。ザルカウィはたった一人の劇的な死によって、ジハーディストのスターにのし上がる方途を見出しつつあった。

12　虐殺者たちの長老

　録画中を示すカメラのランプが点灯した。ザルカウィは両手で原稿を握り締め、読み始めた。だぶだぶのズボンから上衣、そして顔を隠すスキー用マスクに至るまで黒づくめで、目の前の毛布の上に座るオレンジ色のつなぎを着た青白い顔をした人物の背後に、そびえるように立っていた。座っている男はロープで手足を縛られ、窮屈そうに体の姿勢を変えた。

「イスラームの国民たちよ、すばらしい知らせだ！　夜明けの兆しが表れ始め、勝利の風が吹いている」と、ザルカウィは大げさな抑揚をつけてアラビア語で語り始めた(1)。

　ザルカウィは四人の男たちを脇に従えていた。同じくフードで頭部を覆い、黒装束だ。男たちはライフルを持ち、弾薬盒を身につけ、試合前に体をほぐすスポーツ選手のように手足をせわしなく動かしていた。ザルカウィが話す間、男たちはおおかた囚人から目をそらそうとせず、まるでその青年がどうにかしてロープをほどいて逃げ出すとでも思っているかのようだ。態度からは室内の全員がビデオカメラを過剰に意識していることがうかがえるが、つなぎの男だけは茫然自失といった様子でまっすぐ前を見つめていた。何を考えていたにせよ、ニコラス・イヴァン・バーグはこれから自分の身に起ころうとしていることに気づいている様子はなかった。

フードで覆面をした男たちが部屋へ入ってくる前、バーグは同じカメラの前でプラスチックの椅子に座らされ、自身に関する質問に答えさせられた。リラックスしているように見え、両手を膝に置き、あたかも銀行口座を開設するために質問に答えているかのように落ち着いて話していた。

「私の名前はニコラス・バーグです。父親はマイケル、母親はスーザンといいます。兄弟姉妹はデイヴィッドとセーラの二人です。自宅はフィラデルフィアに近いペンシルヴェニア州ウェスト・チェスターにあります」とバーグは語った。

かけていた眼鏡がなく、顎ひげが伸びて二十六歳の実年齢よりもかえって若く見えた。だがしっかりとした人懐っこい声で、通信機器の修理で起業しようという身の丈以上の考えを持って、二カ月前に単身イラクに入ったときと、様子はほとんど変わらなかった。ザルカウィがバーグを捕らえたのはアメリカ人を探していたからだ。アメリカ人なら誰でもよかった。ところがバーグは偶然にも典型的なアメリカ人だった――溢れんばかりの野心と壮大な計画を抱く青年で、他人を信頼し、ひたむきな粘り腰と理詰めの構想力によって、見知らぬ国と文化の中でも成功できる才能があるという揺るぎない自信を持っていた。フィラデルフィア郊外出身の起業家志望の青年が、いかにしてザルカウィがグロテスクなデビューを飾ったビデオで主役の一人を演じることになったのか、それはイラク戦争の中でも稀に見る数奇な旅路の結果だった。

バーグは招かれもしないのにイラクへ渡った。それもほとんどあらゆる知人の反対を押し切って。

だが荒廃したイラクに誰もが危険しかないと考えたのに対し、バーグは二〇〇四年初頭、自分にとってもっとも差し迫った課題の二つを解決するチャンスを見出した――苦境にあるビジネスの回復と、気高く重要なもの、具体的には長年の独裁政治で立ち遅れた国家を変容させることに、参画すること。バーグは二年前にもアフリカで同じような試みをしていた。ケニアでビジネスチャンスを探ると同時に、人道的な活動にも手を貸した。ケニア訪問の最終日、バーグはスーツケースの中身をすべて寄贈してしまい、着ている服一着だけで帰国して語り草になった。そして今、バーグは持てる活力と資源を、彼も心から「解放」を待ち望んでいた国に注ぎ込み、イラクの人びとのため、そして自分自身のために、チャンスに満ちた新しい世界を切り開きたいと願っていたのだ。

「この国から一定の成果を得ることに僕はそこそこの自信を持っている。ただし、かなり危険ではある」と、バーグは二〇〇四年一月、イラクへ初めて下見に入った際に友人への電子メールに書いていた[2]。

バーグがなぜイラクへ行ったのか、アメリカ、イラク両国の当局者たちばかりか、誰にとっても謎だった――直接本人を知る人たちを除いて。発明家と冒険家をもって自認していたバーグは、慣例というものをほとんど気にかけないことで有名だった。上下の階の間に段差のあるしゃれた住宅や小規模店舗が入るショッピング・センターなどが軒を連ねるウェスト・チェスターで育ったバーグは、やや エキセントリックな少年と見られていた。酵母を培養して楽しんだり、小さな工具箱に電線や補修用ダクト・テープを常備して欠かさずに持ち歩いたりしていた。電動の「嘘発見器」から、夏休みのキャンプで居室に闖入者があれば「とっとと出て行け!」と叫ぶ仕掛けの電池式警報器まで、次々と新しい自家製の装置を作っては友達をおもしろがらせた。眼光鋭い青い目に、額に垂れるひと房の濃い金髪の巻き毛を除いて極端に刈り込んだ風変わりなヘアスタイル――高校時代の同級生たちは頭の切れるこのいたずら者をよく覚えていた。マーチングバンドでスーザフォンを吹き、科学展で賞を競い、マイナーな哲学書を読み、自転車で一六〇キロを超えるクロスカントリーの遠乗りをして肉体の限界を試したりした。自宅でも家風に激しく反発した――家族は政治的には反戦主義と言えるほどリベラル志向を持つ世俗主義のユダヤ人だったが、バーグは宗教的には保守主義で、熱狂的な資本主義者、そして政治的にはあからさまな干渉主義者だった。

「彼は誰も行かないところへ行きたがる人間だった。もし既存の道があれば、バーグは絶対にそこは歩こうとしなかった」と、高校時代の友人のピーター・ルーは語った。(3)

バーグは名門コーネル大学の難関学部へ進学したが、卒業直前に退学してしまった。それからいくつもの学校や仕事を経たが、ついに学位は取らず、アフリカ支援のボランティア活動や電波塔の整備技師として経験を積んだ。その技師として、バーグは高さ二〇〇メートル近い鉄塔にぶらさがりながら通信機器の修理をして生計を立てられるような才能と、そして鋼鉄の神経を持っていることに気づいたのだった。次第にバーグは多岐にわたる興味をすべて束ねられるビジネス・ビジョンをつくり上げていった。そして二十四歳のとき、家族の協力も得て、プロメテウス・メソッズ・タワー・サービス社を正式に設立して社長となった。バーグのビジネス・プランは開発途上国に電波塔を設置するのを支援するというもので、安価な地元の原料を使い、自身で設計したレゴのような粘土ブロックで電波塔を建設するのだ。型破りで、考えられないほど野心的なアイディアだが、バーグにはぴったりだった。

あとは顧客探しだった。そしてインフラの破壊と、湯水のごとく流れてくる米ドルの出口がいくらでもあるイラクこそ、まさにうってつけに思えた。

バーグは国元への電子メールにこう書いている――「この事業には実に多くの人たちが関与しているが、みんな仕事を下請けに出すから、ぼくたちのような専門家は皆無だ。ここでは熟練の専門家がいる企業なんて聞いたことがない――ぼくたちにとっては有利だと思うが、『おれの友達の誰それに頼めば……』なんていうレベルのやり方を乗り越えなければならないね。優秀なビジネス・マネジャーがなんとかしれくれると期待しているんだが」。

イラクへの初めの下見に十分な手応えを感じた若き起業家のバーグは、二〇〇四年三月にふたたびイラクへ渡り、本格的に顧客獲得に乗り出した。一人で行動し、田舎を車で巡りながら電波塔を探しては、損傷や故障しているものには点検と修理を申し出た。ぼろぼろの鉄塔に登り、見込み客の名簿を作り、故郷の友人たちにさらに陽気な調子の電子メールを書いた。ものごとの動きは遅かったが、バーグの熱意は決して衰えることなく、それはモスルのイラク人の警官たちが郊外の電波塔の周りをおかしな服装でうろついている外国人に気づくまで続いた。

その眼鏡の青年は通信機器のスケッチで埋め尽くされノートと工具箱を持っていたが、イラクの警察は判断に迷った。だがきっとスパイに違いないと確信し――たぶんイスラエルか、ひょっとしてイランとか――バーグを逮捕した。二〇〇四年三月二十四日、バーグはモスル警察署に連行されて拘留され、青年起業家のイラクでの冒険は唐突に終わった……と、そのときは思われた。

アメリカ人の単独旅行者がイラク当局と問題を起こして苦境に陥った場合、たいていバグダードのアメリカ大使館の若手領事の出番となる。だがニコラス・バーグの奇妙な一件は、間もなく国務省と国防総省の上層部の注目するところとなった。やがて、このビジネスマンに関する問い合わせはヴァージニア州ラングレーにあるCIAのテロ対策部門に届いた。ちょうどネイダ・バコスがザルカウィに関する機密情報を担当する分析官の第一人者だったころである。

後日出され報告書によれば、イラク警察は早々にバーグをモスルに駐留する米軍に引き渡したが、イラク側に劣らず米軍も、このひたむきな青年に、そしてビジネス・チャンスを探してイラクを旅して回っていたという話に困惑した。偶然にもバコスは、バーグが米軍に引き渡された際に現場にいた軍警察官の一人と知り合いだった。

ここでいったい何をしているんだ?――と、バーグは尋問された。それも何回も。

「彼のねらいが何なのか誰にもわかりませんでした」と、のちにバコスは語った。「どうしてイラクを一人でうろついて、何をしようかと探し歩いたりしているのか? ただ仕事を探しているなどと言う話は誰が聞いても信じられなかったのです(4)」

一方、バーグの背後関係の調査から奇妙な情報がみつかった。三年前、アル=カーイダのテロリストだった疑いのある人物がバーグの電子メールアドレスとインターネットのパスワードを使っていたのだ。説明はついていたが、妙な話だった――人を疑うことを知らないバーグはあるときバスに乗っていて、見知らぬ男にノートパソコンを貸したことがあった。そしてその男が自分の電子メールにアクセスするのに苦労していると、バーグは自分のログイン情報を教えてやったというのだ。その男は実はザカリアス・ムサウイの友人だった。ムサウイとは「二〇人目のハイジャック犯」と呼ばれる男で、二〇〇一年の九・一一同時多発テロで航空機の一機を操縦すべくパイロットの訓練を受けていたところ、逮捕された人物だ。

こうして、あまりにも多くの疑念に取り巻かれたこの若きビジネスマンを、モスルの米軍当局は釈放したくなかった。だが最後にはそうするしかなかった——故郷ペンシルヴェニア州のバーグの家族が国務省に何度も電話をかけてきて、失踪中の息子を捜索してくれと懇願していたのだ。そして四月一日、バーグが本人の意思に反して米軍に拘束されていることを電子メールで知ると、激怒した。家族は不法監禁だとして軍を訴えた。こうして翌日の二〇〇四年四月六日、バーグは釈放されたのだった。

バーグは軍用機でアメリカへ連れ帰ってやるとの米軍の申し出を蹴り、自分でもろもろ整理をつけようとバグダードへ行くことにした。釈放当日、ホテルにチェックインして何本か電話をかけた。そして四月十日、完全に消息を絶った。

家族はふたたび政府に答えを迫った。そしてイラクのアメリカ大使館もふたたび拘置所や米軍駐屯地に問い合わせを発した。だがその週いっぱい、そして翌週になっても、バーグに関する情報は一片たりとも上がってこなかった。

ついに五月八日、米軍のパトロール隊が幹線道路の高架橋から何かがぶら下がっているのを発見した。近づいてみて慄然とした。ゆったりしたオレンジ色の服をまとい、手足を縛られた人間の胴体がロープで吊るされていたのだ。遺体の下方、血染めの毛布の上には、薄汚れた砂色のひげを生やした白人青年の切断された頭部があった。

ニコラス・バーグが発見されたのだった。

二日後、イラク戦争の中でももっとも忌まわしくも象徴的な場面を含むビデオ映像がインターネットで流布しはじめた。バコスは見たくもなかったが、最後には無理をして視聴した。二人の同僚の分析官も同席し、CIAの会議室でビデオを見た。

画面にはバーグが映っていた。縛られ、オレンジ色のつなぎを着て地面に座り、表情はうつろだ。白っぽい色の壁を背景にバーグの後ろに覆面をした五人の黒装束の男たちが立ち、真ん中の男が原稿を読み上げていた。バコスにはなじみの声で、覆面をしていても、見覚えのあるずんぐりとした体型はすぐにわかった。ザルカウィだった。

バコスはオレンジ色のつなぎの服にも着目した。米軍刑務官らによるイラク人囚人の虐待というスキャンダルはいまだにニュースになっており、関心を持っている者にはおなじみの囚人服だ。ザルカウィがこれまでに公式に声明を発しようとした数少ない事例では、手の込んだ狡知を弄したことは一度もなかった。だが今回、ザルカウィはムスリムたちへメッセージを送ろうとしているのだろうか？イラクのもっとも悪名高き監獄で囚人たちが受けた辱めに対する、象徴的な復讐の行為を目撃せよと呼びかけているのだろうか？

そのとおりだった。

原稿を手にザルカウィは語っていた――「もはやぼんやり座視している口実などあろうか？　イスラーム教は惨殺されようとしている。その栄誉は血にまみれ、アブー・グレイブ刑務所のムスリムの男女は悪魔のような虐待を受け、そのニュースの恥辱にまみれた画像が流れているのだ。そんなときに自由の身のムスリムが安眠などしていられようか？　君たちの熱情はどこへ行った？　君たちの怒りはどこへ行ってしまったのだ？」。

説教は数分間続き、さらにムスリムの誇りに訴えかけ、コーランからのおびただしい引用があった。かつて預言者ムハンマドが、バドルの町で反乱を起こしたユダヤ人の捕虜の斬首を命じたことについて、「われわれのお手本であり、そして良きロール・モデルだ」と持ち上げてみせたりもした。そしてアメリカ大統領に直接呼びかけ、警告を発した。

厳しい日々がおまえを待ち受けている。おまえとおまえの兵士たちはイラクに足を踏み入れ、恐れ多くもムスリムたちを冒涜しようとした日を悔いることになるだろう……われわれはおまえに告げる、アブー・グレイブやその他の刑務所にいる男女のムスリムの尊厳は、おまえたちの血と魂によって回復されるだろう。おまえが今後われわれから見せつけられるのは、このようなやり方で虐殺された死体に次ぐ死体、棺に次ぐ棺ばかりとなるだろう。

そう言い終えると、ザルカウィは鞘から長いナイフを抜いてバーグに襲いかかった。手足を縛られているバーグは横転した。ほかの男たちがバーグを押さえつける間、ザルカウィは片手で髪をつかみ、もう一方の手に持ったナイフで喉を斬りにかかった。しばし恐ろしい悲鳴が上がり、ザルカウィが陰惨な行為に苦闘する間、ほかの覆面の男たちがバーグの足や肩をつかんで騒然とした。カメラがぐらつき揺れるなか、さらに何秒間かナイフで突いたり切ったりが続いた。そしてまださらに何秒も。

バコスは吐き気がわき上がってくるのを感じた。

「さっさと終わらせてやりなさいよ」と思わず心の中でつぶやいた。だが一向に終わりそうになかった。

バコスはとうとうひと言断って席を外した。「これを見続ける意味はない」と考えながら。

バコスが見逃したのは最後のわずかなシーンだった。ザルカウィの仲間の一人、白い覆面の背の高い男が、今や胴体から切り離されたバーグの頭部を取り上げ、まるでトロフィーのように掲げ、そしてそっと遺体の背中に置いた。

ザルカウィの世界へのメッセージは、安定しない手持ちのビデオカメラで撮影され、想像を絶するばかりの残虐行為を映し出す画質の粗い五分三七秒の映像だった。それはたちまち世界の話題をさらった。

北米から南アジアに至るまで、そして中東全域にわたり、無数のパソコンに映像がダウンロードされた。嫌悪に駆られて声を上げる者もいた。あるいは悲しみ、絶望、そして激しい怒りを表した。だがともかく見た。

ビデオが映し出す行為の主の功績を確実にわからせようと、ご丁寧にもタイトルまでついていた

――「アブー・ムサブ・ザルカウィがアメリカ人を惨殺する様子」。イスラーム世界でもっとも剛毅な「行動の人」としてビン・ラディンの威光をしのぐことを切望してきた男は、まさにそれを行動で示した――少なくとも当面は。

犠牲者を斬首するテロリストはこれまでにもいた。二年前、『ウォールストリート・ジャーナル』紙のダニエル・パール記者も、同じようにセンセーショナルな形でアル=カーイダの戦闘員らに殺害された。だがパールはアル=カーイダの取材でパキスタンを訪れていたベテラン記者だった。それに対してニコラス・バーグがねらわれ、殺されたのは、ただ単に彼がアメリカ人だったからだ。しかもその殺害のビデオはちょうど何百万人ものアメリカ人がブロードバンド・インターネットにアクセスできるようになってきた時期で、かつイラクでの戦争に対する世論の支持が急落しているときだった。

ホワイトハウスでさえ――その月の上旬にはイラクでのビジネス・チャンスを宣伝していたのだが――ザルカウィの残忍な所業と向き合うことを余儀なくされた。

「彼らのねらいはわれわれの意志を揺さぶることだ。彼らのねらいはわれわれの自信を揺るがすことなのだ」――ブッシュ大統領はワシントンで記者たちを前に、あまりにも多くのアメリカ国民があまりにも堪え難く詳細に目撃したテロ行為について述べた[5]。大統領は、イラク情勢は進捗しているとの立場を堅持したが、記者たちの質問は受けつけなかった。

大統領と同じ共和党員を含め、ほかのアメリカの政治家たちもまた、世間の感じ方が変わりつつあることを世論調査の結果を待つまでもなく察していた。イラクにおけるアメリカの戦争を下支えしてきた道徳観もすでに綻びだらけだったが、多くの人びとにとって、アブー・グレイブ刑務所の醜聞はその最後の切れ端さえもはぎとってしまうものだった。アメリカのハイテク軍隊がイラク軍に「衝撃と畏怖」を与えるというイメージも世間受けしたが、それももはや色褪せ、代わりに路傍の簡易爆破装置（ＩＥＤ）による攻撃や国旗に覆われた戦死者の棺の映像が毎晩ニュース番組で流れるようになっていた。そして今、アメリカの人びとは新たな類の残虐行為を居間にいながらにして目撃していたのだ。

「もしアメリカという国の脈拍を診ていたとしたら、アメリカの人びとがニコラス・バーグの斬首のことを聞いたその瞬間、脈拍数が変化したはずだ」と、共和党のミズーリ州選出下院議員のロイ・ブラントは『ニューヨーク・タイムズ』紙のインタビューに答えて言った。(6)「なぜわれわれはイラクで戦っているのか、そしてその戦いの相手は誰なのか、誰もがあらためてその記憶を揺さぶられたのです」

だが実際のところ、アメリカ人たちは誰と対決していたのだろうか？　多くの視聴者から見れば、あのビデオに映っていた男たちはただアル＝カーイダであり、黒づくめの男たちは見分けがつかなかった。そこへビデオの公開から三日後、その問いに答えようとするかのような新たなメッセージが届いた。

二〇〇四年五月十三日、ジハーディスト系のさまざまなウェブサイトが「タウヒード・ワ・ジハード」――「唯一性と聖戦」という意味〔タウヒードとは神の唯一性への信仰というイスラーム教の中核的な教義〕――を名乗る新たなテロ組織の登場を告げるメッセージを掲載した。それはイスラーム主義過激派の一種のスーパー集団だった。イラクの武装反乱組織のさまざまな小グループと海外からの戦闘員たちを一つの傘の下に合体させる、それもザルカウィをリーダーに。声明によれば「決定的な歴史的転機」だという。

メッセージは次のように述べていた――「この合体はイスラーム教の民《たみ》にとっては力となり、神の敵どもにとっては燃え盛る炎となり、ムスリムの略奪された諸々の権利が取り戻され、神の宗教がこの地球上に確立されるまで、その炎で彼らは焼かれるだろう。これはさまざまな集団やセクトにとって、こうした正当な義務と現実的な必要性を成就させるために馳せ参ぜよとの誘いであり、手形である。われわれは裏切ったり退却したりはしないことをイスラームの民に確約する。そしてわれわれはその約束を守り抜くであろう――熱望する二つの結果のいずれかに至るまで。すなわち勝利か殉教かだ」。

声明は二人の共同リーダーの名を挙げていたが、「長老《シャイフ》」ことザルカウィが筆頭だった。ちょうど三カ月余り前、ザルカウィはビン・ラディンへの手紙の中でアル=カーイダに提携を呼びかけたが、いずれにしろ世界は間もなくザルカウィの名を聞くことになると書いていた。そのときが来たのだ。ニコラス・バーグのビデオの公開と、自ら舵を握る武装反乱グループの統一組織を世に公表したことで、ザルカウィはグローバル・ジハード主義の動きの最前線で一画を占めることになった。もはや彼は単にイラクの極端に暴力的なテロリスト一派のリーダーに留まるものではなかった。今や彼は欧米が恐れ、若きイスラーム主義過激派たちが手本とするテロリストとして、ほかならぬビン・ラディンのライバルとなったのだった。もちろん、ビン・ラディンもビデオを公開していた――金色の衣に黒く染めたひげを蓄えて画面に登場し、デスクの向こうから長たらしい説教を垂れた。それに比べてザルカウィのビデオは、忍者のような衣装を着て、活力に満ち、カリスマ性を持った若い男が自らの手でアメリカ人を殺す姿を映し出していた。

ザルカウィのビデオと声明を分析していたCIAの分析官たちは、この若きヨルダン人は身のほどをわきまえていないのではないかと勘ぐった。ザルカウィはまともな教育も受けていない成り上がりで、大きな組織を率いるだけのビジョンと頭脳を持った人物として見られたことはなかった。また、ビン・ラディンの成功を支えたようないわば組織的な支援も受けていなかった。たとえば武器を持たない一般市民の殺害や自爆攻撃という戦術の採用といった暴力行為に対し、イスラーム教の法学裁定《ファトワー》を出して宗教的に正当化してくれる著名なイスラーム法学者の支持などだ。ザルカウィはそんな承認を求めようともしなかった。そして彼は米軍に対するジハードをどう展開すべきかを決定する責任を自ら引き受けたのだった。

ザルカウィの最大の成果は自らを第一の標的にまで持ち上げることだったのではないか、それも単にアメリカ人にとってのみならず――ネイダ・バコスはそんな風にも感じた。

「もうザルカウィも落ち目ってことですね」と、バコスはのちにおどけてみせた。「アル＝カーイダでさえ原理原則は守ろうとして、イスラーム法のシャリーアの解釈には神学者を利用しました。でもザルカウィは法を好き勝手に解釈します。自分で自分のルールを作ってしまう――カルト教団みたいに。ザルカウィ自身が巨大カルト教団と化しつつあるわけです(7)」

当然ながらしっぺ返しがあるはずだった。アル＝カーイダや既存のジハード主義系組織網のお歴々はこれほど派手な異端の振る舞いに気をよくするわけがない。とくにおおかたの資金を提供している裕福で敬虔なアラブ人たちの感性を逆撫でするならなおさらだ。

ところが多くのごく普通のムスリムの男性たちは、伸張著しいザルカウィの信徒団に列を成して加わった。イラクでもどこでも、ザルカウィの信奉者たちはニコラス・バーグのビデオ公開以降に流布しはじめた新たなニックネームでこのヨルダン人を呼ぶようになっていた。

ビン・ラディンが尊敬すべき名目上の指導者であることは変わりなかった。かつてはソ連と戦い、ニューヨークとワシントンに対するテロ攻撃を立案した男だ。だが今やザルカウィこそが「虐殺者たちの長老《シャイフ》」として称賛を浴びていた――インターネットに惨殺シーンを流すことで、強硬なジハーディストたちの支持を取りつけ、その他のすべての人びとの心に恐怖の種をまく、そんな残忍な新時代のテロリストとして。

（下巻に続く）

10 「胸くそ悪い戦い、それがわれらのねらいだ」

（1）“Zarqawi Letter” to Osama bin Laden, U.S. Department of State, Feb. 2004, http://2001-2009.state.gov/p/nea/rls/31694.htm
（2）Stanley A. McChrystal, *My Share of the Task: A Memoir*（New York: Portfolio/Penguin 2013）.
（3）スタンリー・マクリスタルへの著者によるインタビュー。
（4）McChrystal, *My Share of the Task: A Memoir.*
（5）“Major Combat Operations Over in Iraq,” *PBS NewsHour,* April 14, 2003, http://www.pbs.org/newshour/updates/military-jan-june03- battles_04-14
（6）スタンリー・マクリスタルへの著者によるインタビュー。
（7）McChrystal, *My Share of the Task: A Memoir.*
（8）Brian Knowlton, “U.S. Blames Iraq Attacks on Jordanian-Born Sunni Militant,” *New York Times*, March 3, 2004 所載の引用より。
（9）Vivienne Walt, “Over 150 Killed in Iraq Blasts,” *Boston Globe*, March 3, 2004.

11 「アル＝カーイダのどんな仕業も及ばない」

（1）当時の状況を知るヨルダン政府高官２人への著者によるインタビュー。
（2）同上。
（3）アブー・ムタズへの著者によるインタビュー。
（4）“Al Qaeda Plans Terrorist Attack in Chemical Weapons Against Jordan,” *Petra News Agency,* April 27, 2004.（供述書の全文。署名なし。）
（5）Abudullah, King of Jordan, *Our Last Best Chance: The Pursuit of Peace in a Time of Peril*（New York: Viking, 2011）.
（6）Jamie Holguinap, “Terrorist: Wish We Had That Bomb,” Associated Press, April, 16, 2004.

12 虐殺者たちの長老

（1）ニコラス・バーグの斬首ビデオの書き起こしより。University of Georgia Islamic Studies Department, http://islam.uga.edu/zarqawi.html
（2）ニコラス・バーグの電子メールより。*Tom's Photography*, Jan. 4, 2004, http://www.nickberg.org/berg/Email_from_Berg/Entries/2004/1/4_Bergs_Email_from_Iraq.html
（3）Michael Powell and Michelle Garcia, “In a Pennsylvania Town, Friends Recall the Pranks and the Promise,” *Washington Post*, May 14, 2004.
（4）ネイダ・バコスへの著者によるインタビュー。
（5）“President Bush Condemns Brutal Execution of Nicholas Berg,” May 12, 2004, http://georgewbushwhitehouse.archives.gov/news/releases/2004/05/text/20040512-2.html
（6）David E. Sanger and Richard W. Stevenson, “Bush Supporters Are Split on How to Pursue Iraq Plan,” *New York Times*, May 13, 2004.
（7）ネイダ・バコスへの著者によるインタビュー。

7 「名声はアラブ中に轟くことになる」

(1) 2003年2月5日のコリン・パウエルの安保理における演説は下記を参照。http://www.washingtonpost.com/wp-srv/nation/transcripts/powelltext_020503.html
(2) ネイダ・バコスへの著者によるインタビュー。
(3) サミヒ・バティヒへの著者によるインタビュー。
(4) アブー・ムタズへの著者によるインタビュー。
(5) ハサン・アブー・ハニエーへの著者によるインタビュー。

8 「もはや勝利ではない」

(1) ネイダ・バコスへの著者によるインタビュー。当時の状況に詳しい別の高官も彼女の発言を裏づけた。
(2) ネイダ・バコスへの著者によるインタビュー。
(3) Rajiv Chandrasekaran, "Car Bomb Kills 11 in Baghdad," *Washington Post Foreign Service*, Aug. 8, 2003.
(4) Michael R. Gordon, "Terror Group Seen As Back Inside Iraq," *New York Times*, Aug. 10, 2003.
(5) E. A. Torriero, "Embassy Attack May Have Tie to Al Qaeda," *Chicago Tribune*, Aug. 9, 2003.
(6) Jim Henderson, "Democracy Is Not Easy, Condoleeza Rice Tells Journalists in Dallas," *Houston Chronicle*, Aug. 8, 2003.
(7) D'Arcy Doran, "UN Employees' Fears Grew As Security Deteriorated in Baghdad," Associated Press, Aug. 28, 2003.
(8) ギル・ロエシャーによるジェレミー・パクスマンへのインタビュー。BBCニュース、2003年12月18日放送。インタビューの全文は次のウェブサイトを参照。http://news.bbc.co.uk/2/hi/programmes/newsnight/3330885.stm
(9) 2003年8月23日のテキサス州クローフォードにおけるジョージ・W・ブッシュ大統領の記者会見より。抜粋は次のウェブサイトを参照。http://www.usembassy-israel.org.il/publish/press/2003/august/082304.html
(10) 当時の捜査に詳しいアメリカ政府高官への著者によるインタビュー。
(11) "Ayatollah Hakim's Last Sermon," *BBC News* online, Aug. 30, 2003, http://news.bbc.co.uk/2/hi/middle_east/3193341.stm
(12) Tom Infield, "U.S. General: Hezbollah Linked to Iraq Bombings," *Philadelphia Inquirer*, Sept. 6, 2003.
(13) ブルース・リーデルへの著者によるインタビュー。

9 「武装反乱が起きていると言いたいんだな?」

(1) ロバート・リチャーへの著者によるインタビュー。
(2) 当時を知る元アメリカ政府高官への著者によるインタビュー。
(3) James Risen, *State of War: The Secret History of the CIA and the Bush Administration* (New York: Free Press, 2006) 所載の引用より。
(4) 同席していたアメリカ政府当局者2人への著者によるインタビュー。
(5) "Violent Response: The U.S. Army in Al-Falluja," Human Rights Watch, 2003, http://www.hrw.org/reports/2003/iraqfalluja
(6) ザイダン・ジャビリへの著者によるインタビュー。

(9) 下記の書籍（英語版未刊行）の記述より。Fu'ad Husayn, *Al-Zarqawi: The Second Generation of al-Qaeda* (n.p., 2006).
(10) Ibid.
(11) Ibid.
(12) Ibid.
(13) Jean-Charles Brisard, *Zarqawi: The New Face of Al-Qaeda.*
(14) アブー・ムタズへの著者によるインタビュー。

4 「訓練のときは終わった」

(1) Ali H. Soufan, *The Black Banners: The Inside Story of 9/11 and the War Against Al-Qaeda* (New York: W. W. Norton, 2011).
(2) ロバート・リチャーへの著者によるインタビュー。
(3) ヨルダン情報機関高官への著者によるインタビュー。
(4) Fu'ad Husayn, *Al-Zarqawi: The Second Generation of al-Qaeda* (n.p., 2006) 所載の引用より。
(5) Ibid.

5 「アル=カーイダとザルカウィのために」

(1) Marcella Bombardieri and Jana Benscoter, "Slain Envoy Had Boston Ties and Aid Mission; Foley Was 'Doing What I Want to Do,'" *Boston Globe*, Oct. 29, 2002.
(2) この事件に直接かかわったヨルダン情報機関高官２人への著者によるインタビュー。
(3) ネイダ・バコスへの著者によるインタビュー。
(4) CIA 未公刊報告書 "CTC Iraqi Support for Terrorism," CTC 2003-1000/HS, Jan.29, 2003 より。
(5) アメリカの情報機関の元高官への著者によるインタビュー。
(6) Richard B. Cheney, *In My Time: A Personal and Political Memoir* (New York: Threshold Editions, 2011).

6 「必ず戦争になるぞ」

(1) チャールズ・ファディスへの著者によるインタビュー。
(2) "Under the Microscope," Al-Jazeera TV, Doha, July 1, 2004.
(3) チャールズ・ファディスへの著者によるインタビューおよび次のファディス（共著）の記述より。Mike Tucker and Charles Faddis, *Operation Hotel California: The Clandestine War Inside Iraq* (Guilford, Conn.: Lyons Press, 2009).
(4) Stanley A. McChrystal, *My Share of the Task: A Memoir* (New York: Portfolio/Penguin, 2013).
(5) George Tenet, *At the Center of the Storm: My Years at the CIA* (New York: Harper/Collins Publishers, 2007).
(6) Peter Baker, *Days of Fire: Bush and Cheney in the White House* (New York: Doubleday, 2013).
(7) RIad Kahwaji, "Jordan and U.S. Discuss Possible Patriot Deployments," *Marine Corps Times*, Feb. 10, 2003.
(8) Abudullah, King of Jordan, *Our Last Best Chance: The Pursuit of Peace in a Time of Peril* (New York: Viking, 2011).
(9) Ibid.

(7) Jean-Charles Brisard, *The New Face of Al-Qaeda* (New York: Other Press, 2005), p. 49.

(8) Joas Wagemakers, "A Terrorist Organization That Never Was: The Jordanian 'Bay'at al-Imam' Group," *Middle East Journal*, Jan. 2014.

(9) アッ＝タクフィリスの教義については次のウェブサイトを参照。https://www.ctc.usma.edu/v2/wp-content/uploads/2010/06/Vol1Iss7-Art61.pdf

(10) Abu Qadama Salih al-Hami, "Knights of the Unfulfilled Duty: Zarqawi and the Afghan Jihad" (n.p., 2007).

(11) Will McCants, "Letter from Balqa Jail," *Jihadica: Documenting the Global Jihad*, June 22, 2008, http://www.jihadica.com/letter-from-balqa-jail

(12) Wagemakers, "A Terrorist Organization That Never Was."

(13) イフワーン運動とサウード王家との関係については、詳しくは Robert Lacy, *The Kingdom: Arabia and the House of Sa'ud* (New York: Avon, 1983) を参照。

2 「これぞリーダーという姿だった」

(1) Abudullah, King of Jordan, *Our Last Best Chance: The Pursuit of Peace in a Time of Peril* (New York: Viking, 2011).

(2) Ibid.

(3) Ibid.

(4) Ahmad Khatib, "Jordanians Line Amman's Streets to Bid Farewell," *Jordan Times*, Feb. 9, 1999.

(5) Francesca Ciriaci, "Abdullah Proclaimed King," *Jordan Times*, Feb. 8, 1999.

(6) Abudullah, *Our Last Best Chance.*

(7) Avi Shlaim, *Lion of Jordan: The Life of King Hussein in War and Peace* (New York: Alfred A. Knopf, 2008).

(8) "King Hussein of Jordan," *ABC News Nightline.* (初回放送 1999 年 2 月 7 日)。

(9) Abudullah, *Our Last Best Chance.*

(10) Ibid.

(11) "Muslim Brotherhood Meets King," *Jordan Times*, March 19, 1999.

(12) Ibid.

(13) Tareq Ayyoub, "The Amnesty Law: Complicated and Incomplete," *Jordan Times*, March 29, 1999.

(14) Abudullah, *Our Last Best Chance.*

(15) そのときに現場にいた当局者への著者によるインタビュー。

(16) サブハ医師への著者によるインタビュー。

3 「厄介者は必ず戻ってくる」

(1) 現場にいた高官 2 人への著者によるインタビュー。

(2) 同上。

(3) サミル・バティキへの著者によるインタビュー。

(4) ザルカウィの子供時代について、より詳しくは次を参照。Jean-Charles Brisard, *Zarqawi: The New Face of Al-Qaeda* (New York: Other Press, 2005).

(5) Ibid.

(6) Betsy Pisik, "Mother Denies Suspect Is a Terrorist," *Washington Times*, Feb. 24, 2003.

(7) フダイファ・アッザムへの著者によるインタビュー。

(8) Abu Qadama Salih al-Hami, "Knights of the Unfulfilled Duty: Zarqawi and the Afghan Jihad."

原注

プロローグ

(1)リシャウィの国選弁護士、フセイン・アル=マスリに対する本書リサーチャーによるインタビュー。

(2) リシャウィの収監中と処刑までの最後の日々について詳しいヨルダンの当局者に対する著者によるインタビュー。

(3) 捕虜交換交渉について直接知るヨルダンの政府高官に対する著者によるインタビュー。

(4) 捜査にかかわった情報機関幹部の大尉に対する著者によるインタビュー。別のヨルダン当局者もアブー・ハイサムの証言を裏づけた。

(5) この予言は「ハディース」と呼ばれる古いテキストの集成に出ている。具体的には「キターブ・アル=フィタン」(「苦難と熾烈な戦闘」という意味)という、イスラーム教の第二世代に属するヌアイム・イブン・ハマードに関連する部分。この一節に関する英語による論評は次のウェブサイトを参照。http://www.islamweb.net/emainpage/index.php?page=showfatwa&Option=FatwaId&Id=101399

(6) 中東メディア研究所 (Middle East Media Research Institute) による次の文書より。"Al-Zarqawi's Message to the Fighters of Jihad in Iraq on September 11, 2004," Middle East Media Research Institute, Sept. 15, 2004, http://www.mamri.org/report/en/print1219.htm

(7) アブドゥッラー二世国王の見解をよく知る中東の当局関係者2名に対する著者によるインタビュー。

(8) マケイン上院議員と、このやりとりに詳しい中東の政府高官に対する著者によるインタビュー。

1 「目だけで人を動かすことができる男」

(1) Steven Caton, *Lawrence of Arabia: A Film's Anthropology* (Berkeley: University of California Press, 1999) 所載の引用より。

(2) Cole Coonce, *Infinity over Zero: Meditations on Maximum Velocity* (Famoso, Calif.: KeroseneBomb Publishing, 2002).

(3) Manfred Nowak, "Report of the Special Rapporteur on Torture," UN General Assembly Human Rights Council, 2007.

(4) サブハ医師への著者によるインタビュー。医師はアル=ジャフルでのザルカウィやほかの囚人たちとの出会いについて語ってくれた。

(5) ハサン・アブー・ハニエーへの著者によるインタビュー。

(6) ヨルダン人ジャーナリストのアブドゥッラー・アブー・ロマンへの著者によるインタビュー。ロマンは獄中で2人とともに過ごしたことがある。

著者略歴

ジョビー・ウォリック（Joby Warrick）

一九六〇年、米国ノースカロライナ州に生まれる。テンプル大学卒業。『ニューズ・アンド・オブザーヴァー』の記者として九六年、環境問題に関する報道でピュリツァー賞（公益報道部門）を共同受賞。九六年以来、『ワシントン・ポスト』で中東問題を中心に、安全保障・外交・テロ・環境などの分野を専門とするジャーナリストとして活躍している。二〇一六年、本書 *Black Flags* でふたたびピュリツァー賞（一般ノンフィクション部門）を受賞。邦訳書に『三重スパイ――CIAを震撼させたアルカイダの「モグラ」』（太田出版）がある。

訳者略歴

伊藤　真（いとう・まこと）

ノンフィクションを中心に翻訳に従事。訳書にビル・ブライソン『アメリカを変えた夏　1927年』（白水社）、ケネス・タナカ『アメリカ流　マインドを変える仏教入門』（春秋社）、C・R・ジェンキンス『告白』（角川文庫）、P・グロース『ブラディ・ダーウィン　もうひとつのパール・ハーバー』（大隅書店）、ダライ・ラマ『ダライ・ラマ　科学への旅』（サンガ新書）、R・ゲスト『アフリカ　苦悩する大陸』、ワン・ジョン『中国の歴史認識はどう作られたのか』（以上、東洋経済新報社）ほか。

ブラック・フラッグス　上
――「イスラム国《こく》」台頭《たいとう》の軌跡《きせき》

二〇一七年七月一五日　印刷
二〇一七年八月一〇日　発行

著　者　ジョビー・ウォリック
訳　者 ©　伊　藤　　真
装　幀　小　林　剛（UNA）
組　版　閏　　月　　社
発行者　及　川　直　志
印刷所　株式会社　三　陽　社
発行所　株式会社　白　水　社

東京都千代田区神田小川町三の二四
電話　営業部〇三（三二九一）七八一一
　　　編集部〇三（三二九一）七八二一
振替　〇〇一九〇‐五‐三三二二八
郵便番号　一〇一‐〇〇五二
http://www.hakusuisha.co.jp
乱丁・落丁本は、送料小社負担にてお取り替えいたします。

株式会社松岳社

ISBN978-4-560-09561-4

Printed in Japan

▷本書のスキャン、デジタル化等の無断複製は著作権法上での例外を除き禁じられています。本書を代行業者等の第三者に依頼してスキャンやデジタル化することはたとえ個人や家庭内での利用であっても著作権法上認められていません。

白水社の本

「イスラム国」の内部へ　悪夢の10日間

ユルゲン・トーデンヘーファー 著　津村正樹／カスヤン、アンドレアス 訳

西側ジャーナリストとして初めてIS領内を取材。戦闘員や警官、医師へのインタビュー、民衆の生活の記録など第一級のルポ。ISの内側とIS戦闘員の内面を描き出す。写真多数。

危険な道　9.11首謀者と会見した唯一のジャーナリスト

ユスリー・フーダ 著　師岡カリーマ・エルサムニー 訳

世界の諜報機関さえ居場所を知らなかったアルカイダ幹部と48時間にわたって過ごした元アルジャジーラ記者が9.11の真相を語る。森達也氏推薦――この「危険」な道は「平和」と「自由」に繋がる。

21世紀のイスラム過激派　アルカイダからイスラム国まで

ジェイソン・バーク 著　木村一浩 訳

長年イスラム過激派を取材してきた著者が、今後のテロの形態に関する確かな根拠を示す労作。新たな地理的な広がりや、ISの潤沢な資金源など、かつてないほど詳細に紹介し、過激派の「今」を伝える。

ロレンスがいたアラビア（上下）

スコット・アンダーソン 著　山村宜子 訳

アラブ世界を舞台に暗躍した4人の諜報員の動きを追い、ロレンスを欧州とアラブの同時代人たちの中に位置づけた歴史大作！